出来高・価格分析の完全ガイド

WIZARD

A Complete Guide to
Volume Price Analysis

by Anna Coulling

100年以上不変の
「市場の内側」をトレードに生かす

アナ・クーリング[著]
長尾慎太郎[監修]
山下恵美子[訳]

Pan Rolling

A Complete Guide To Volume Price Analysis
Copyright © 2013 by Anna Coulling. All rights reserved.
Japanese translation rights arranged with Marinablu International Limited
Through Japan UNI Agency, Inc.

監修者まえがき

　本書はアナ・クーリングの著した"A Complete Guide To Volume Price Analysis"の邦訳である。マーケットの値動きと出来高の関係を明らかにしようとする試みは、これまでにもグランビルのOBV（オン・バランス・ボリューム）などのテクニカル指標を使って数多く行われてきた。しかし、そのどれもが中途半端な説明に終始し、結果として出来高を用いたトレード手法が主流たりえなかったのは、価格の動きと出来高の関係が線形ではなく、時としてまったく正反対の相関を示すからである。つまり、出来高はそれ自身がマーケットの未来について何かを教えてくれるものではなく、観察者がそれを読み取ることによって初めて価値を持つものなのだ。その意味では、著者が自分で書いているように、出来高分析は厳密な科学ではなく技術である。

　また、本書を特徴づけているのは、著者が「市場は大口投資家によって操作されている」と考えていることである。したがって、本文中の出来高分析の解説は、すべてその文脈上で行われている（アンクル・ジョーのたとえ話は秀逸である）。ここで、そうしたエキセントリックな認識が正しいか否かといえば、実は客観的には正しくはない。ただ、正しいものがいつも役に立つものであるとは限らないのと同様に、正しくないものが無用であるとも限らない。

　現に本書で説かれたモノの見方はけっして精確ではないが、トレードにおいては極めて有用である。なぜなら、著者の提供するレンズはかなり大胆にデフォルメされた映像を結ぶが、私たちはそれに従うことで、自然に多数派の逆を行き、忍耐強くトレードを行えるようになるからである。つまり、それは投資やトレードにおいて多くの人が陥るメンタルな問題を巧妙かつ的確に避けることができる優れたヒューリスティックなのだ。

大変興味深いことに、著者はマーケットに初めて臨むにあたって、怪しげなトレードセミナーに参加し、正体不明の講師からどう見ても胡散臭い話を聞いて、それに基づいてトレードを始めた。それにもかかわらず本人がトレードで成功できたのは、「マーケットは常に操作されている」という概念モデルが、結果として彼女を的確な方向へと導いたからに相違ない。私がそのように断言できる根拠のひとつは、本書のトレード手法は私が若いころに好んで使ったトレード手法の一つとほとんど同じものであり、そのアドバンテージをよく知っていることにある。書籍に書かれたことでそれが多くの人の知るところとなったことは少しだけ悔しい気もするが、自信を持ってお勧めできる技術であることは疑う余地がない。

　翻訳にあたっては以下の方々に心から感謝の意を表したい。翻訳者の山下恵美子氏は大変読みやすい翻訳を、そして阿部達郎氏は丁寧な編集・校正を行っていただいた。また本書が発行される機会を得たのはパンローリング社社長の後藤康徳氏のおかげである。

　2014年11月

長尾慎太郎

目次

監修者まえがき　　　　　　　　　　　　　　　　　1
読者対象　　　　　　　　　　　　　　　　　　　　7
本書の内容　　　　　　　　　　　　　　　　　　　9

序文　　　　　　　　　　　　　　　　　　　　11

VPA（出来高・価格分析）の紹介と、私がこれを始めるようになったきっかけについて話す。私はトレードの旅を出来高から始められた幸運なトレーダーの1人だと思っている。これは私の成功の第一歩であり、あなたにもそうなってもらいたいと思っている。だから私は本書を書いたのだ。あなたの野心をトレードを通して達成するためのお手伝いをしたくて本書を書いたのだ。VPAは市場の秘密を知る唯一の方法であり、VPAを使えば、「スマートマネー」に追随することができる。

第1章　トレードに新しいものは何一つない　　17

VPA（出来高・価格分析）は新しい概念ではない。これはチャールズ・ダウ、ジェシー・リバモア、リチャード・ワイコフといった伝説のトレーダーたちが使ってきた手法だ。彼らはティッカーテープと紙と鉛筆だけを使って、このテクニックで莫大な富を築いた。本章では彼らがどのようにして成功を成し遂げたのかと、この概念が100年以上にわたってほとんど変わっていないことを説明する。

第2章　なぜ出来高なのか　　　　　　　　　　35

これはとても良い質問だ。本章では、出来高が唯一の主要なインディケーターで、価格と組み合わせれば、市場の将来の方向性を的確に教えてくれるのはなぜなのかを説明する。また、出来高はこのほかにも重要なことを教えてくれる。それは、価格が正しいかどうかということである。

第3章　正しい価格　　　　　　　　　　　　　49

VPA（出来高・価格分析）と組み合わせることで最強のツールになるもう1つの要素――それが価格だ。価格自体は単に買いと売りを示しているにすぎず、将来的に価格がどれくらい動くのかや、もっと重要なのは、その値動きは本物の値動きなのかどうかも教えてくれない。

第4章　VPA――基本理念　　　　　　　　　67

本章ではVPA（出来高・価格分析）の基本的な要素を説明する。この分析において私たちが見いだそうとしていることは1つのことだけである。出来高と価格が一致しているかどうか、あるいは、出来高と価格が一致していない箇所、つまり例外があるかどうかである。出来高と価格が一致していないとき、それは変化の可能性があることを示す最初の警告シグナルになる。

CONTENTS

第5章　VPA──チャート全体の分析　101

本章では、VPA（出来高・価格分析）の基礎となるアキュミュレーション（買い集め）とディストリビューション（売り抜け）という概念について説明する。アキュミュレーションとディストリビューションはすべての時間枠とすべての市場で発生し、打ち上げ花火、つまり売りのクライマックスや買いのクライマックスで終了する。売りや買いのクライマックスが発生すると、アキュミュレーションやディストリビューションは終了し、新しいトレンドが始まる。私たちのやるべきことはインサイダーに従って、彼らが買うときに買って、売るときに売ることである。彼らが買うときや売るときを見極める方法についても説明する。

第6章　VPA──次のレベルへ　143

本章では前章の概念に基づいて実際のVPA（出来高・価格分析）を見ていく。ここでは3つの最もパワフルなローソク足を紹介する。さらに、VPAの知識を市場分析の完全アプローチに組み込むにあたって重要なストッピングボリュームとトッピングアウトボリュームという概念についても説明する。

第7章　支持線と抵抗線　173

支持線と抵抗線はテクニカルトレードの土台となるものだが、出来高と組み合わせれば、より一層パワフルになる。市場が持ち合いになるときやブレイクアウトが本物かどうかを見極められないトレーダーは多い。本章ではこれについても説明する。

第8章　ダイナミックトレンドとトレンドライン　197

従来のトレンドやトレンドラインという概念は忘れよう。従来のトレンドやトレンドラインが形成されるころには、スマートマネーは手仕舞い、あなたは仕掛ける。本章では、ダイナミックトレンドラインの描き方について学習する。これをVPA（出来高・価格分析）と組み合わせれば、トレンドが終わったときではなくて、始まったときに仕掛けることができる。従来のトレンド理論の理解に苦労している人は、本章でぜひともダイナミックトレンドラインという概念を習得してもらいたい。あなたのトレードは激変するはずだ。

第9章　ボリューム・アット・プライス　213

VPA（出来高・価格分析）とVAP（ボリューム・アット・プライス。価格帯別出来高）はまったく異なる概念だ。ボリューム・アット・プライスはチャート上のさまざまな価格水準における出来高の密度を視覚的にとらえるものだ。こんなにパワフルな概念をトレーダーが使っていないのは驚くばかりだ。これらの領域からのブレイクアウトは新しいトレンドを生みだす。これをVPAで確認することでお金につながるのである。

第10章　VPAの実例　　　225

本章ではさまざまな市場におけるVPA（出来高・価格分析）の「実例」を詳しく見ていく。現物市場で株式に応用された例、現物のFX市場での通貨の例、先物市場での指数の例、ティックチャートを使ったコモディティーの例などいろいろだ。いろいろな市場で、ティックチャートから時間ベースのチャートまで、いろいろなチャートを使って細かく説明する。VPAが本当に機能するのかどうか分からない人は、本章を読んでもらえば確信できるはずだ。

第11章　すべてを1つにまとめよう　　　255

本章ではすべての要素を1つにまとめる。さらに、これまで16年にわたってうまくいってきた最もパワフルな保ち合いパターンのいくつかを紹介する。これを出来高と組み合わせることで、明確なトレード機会が提供される。ただし、そのためには忍耐力が必要だ。

第12章　出来高と価格 —— 次世代に向けて　　　273

最終章ではVPA（出来高・価格分析）の最新動向と将来的な展望について紹介する。チャールズ・ダウをはじめとする伝説のトレーダーたちは、彼らの仕事がこのように進化したことをきっと喜んでいるに違いない。

謝辞と無料情報サイト　　　283

読者対象

　必死で成功を目指している人、トレードがストレスに満ち、感情的にしかトレードできないで悩んでいる人――本書はそんなあなたのためのものだ。本書を読み終えるころには、こういった感情は一切なくなっているだろう。あなたの意思決定はすべてシンプルなロジックと良識に基づいて行われるため、自信がつき、感情を排除してトレードできるようになっているはずだ。市場の次の動きを素早く簡単に、かつ自信を持って予測できるようにもなる。成功は自信から生まれるもので、富は成功によってもたらされるものだ。感情を排除してトレードできるようになれば、投機家であれ、投資家であれ、**どんな**市場でも成功を手にすることができる、もちろん、**FXトレード**も例外ではない。本書は、16年以上のトレード経験を持ち、このアプローチを毎日使っている者によって書かれた。つまり、あなたはこのアプローチを実際に使っている者から学べるということである。

　トレードでは主だったインディケーターは2つしかない。1つは価格、もう1つは出来高だ。どちらも1つだけでは弱く、何も教えてはくれないが、2つを一緒に使えば最強の組み合わせになり、絶大な力を発揮する。VPA（出来高・価格分析）のパワーを知れば、なぜこんな素晴らしいものを今まで使わなかったのだろうと思うはずだ。

　VPAを使えば、市場が動く**前に**市場を読むことができるようになる。これを知れば、あなたは驚きのあまり愕然とするだろう。そして、あなたは真実に気づく。2つの簡単なインディケーターを使うだけで、市場の次の動きを予測するパワーと知識を手に入れることができるという真実に。

　一言で言えば、VPAは市場のDNAを知る手掛かりを与えてくれるものだ。その素晴らしいパワーを手に入れたあなたは、自信を持って

トレードできるようになり、感情とストレスからは永久に解放される。あなたはトレードを楽しむことができるようになる。なぜなら、シンプルなロジックと出来高および価格のパワーによって、市場が次にどう動くかが分かるからだ。

本書の内容

　本書には、あなたのトレードにVPA（Volume Price Analysis。出来高・価格分析）を適用するために知らなければならないことがすべて書かれている。それぞれの章は前の章のうえに成り立つものだ。したがって、本書の順序どおりに読み進めてもらいたい。価格と出来高の原理に始まり、そのあと簡単な例を使って2つを1つにまとめる。本書を読み込んでいくと、突然、VPAがあなたに伝えようとする本質を理解できるようになる。それは市場や時間枠を超えた普遍的なものだ。

序文
Foreward

「懸命に勉強して……そして、将来の成功を目指して過去から学ぼうという意欲のある人にとって、今こそ最良なときはない」── ロバート・キヨサキ（1947年～）

　本書は私にとって非常に思い入れの強い本で、長年プランを温めてきたものだ。そして、ついに完成した。

　本書を読めば、この分析的トレードテクニックが、私のトレードに絶大な影響を及ぼしたように、あなたのトレードにも絶大な影響を及ぼすと思っている。私がこのテクニックに出合ったのは何年も前のことだ。ちょうど私が初めてトレードに興味を持ち始めたころで、私はこのテクニックをちょっと面白い方法で知った。もちろん、当初は大金を失ったが、このテクニックを知り得たことには感謝している。このテクニックを学習することで、私の人生も、私のトレードキャリアもがらりと変わった。本書があなたにとって人生を変えるきっかけになってくれればと願っている。

　このトレードテクニックとはどういうもので、なぜそんなに特別なものなのだろうか。このテクニックが使われ始めて100年以上たつが、過去の伝説的トレーダーは全員がこのテクニックを使ってきた。にもかかわらず、今日ではこの非常に効果的な分析テクニックを無視する（あるいは、知らない）トレーダーが多い。それがなぜなのかは、私には分からない。このテクニックは私の16年にわたるトレードと投資の中核をなしてきた。今でもそうである。これはとてもパワフルで、いろいろな意味で「理にかなっている」。私が本書を書いた目的は、

あなたにもこのパワフルさを実感してもらいたいからである。

　心をオープンにして、VPA（出来高・価格分析）のシンプルなロジックとパワフルさを受け入れてもらいたい。

　「Volume Price Analysis（出来高・価格分析）」は私が名付けたものだ。ほかではお目にかかることはないはずだ。私がこの名前を使うのは、出来高、価格、分析という3つの簡単な言葉がまさにこのテクニックを正確に表しているからだ。要するに、トレーダーとしての私たちがある程度の確かさで知りたいのは、「価格が次にどこに行くか」である。

　この答えを与えてくれるものがVPAである。

　VPAはどんな市場にも、どんな時間枠にも適用でき、どんな投資対象にも使える。将来の値動きを出来高を使って確認・予測することで、私はこれまで成功してきた。本書を読めば、あなたのトレードアプローチも永久に変わると思っている。前にも言ったように、ただVPAというシンプルなロジックを心をオープンにして受け止めてほしい。本書を読み終えるころには、チャートを読めるようになり、値動きを瞬時のうちに予測できるようになるだろう。

　初めて値動きが分かるようになったとき、それはあなたの人生を変える瞬間だ。あなたは最もパワフルなトレードテクニックを手中にしたことを実感するはずだ。

　あなたはロジックと、価格と出来高の関係に基づいてトレードの意思決定を行うため、自信がつき、冷静になれる。しかし、前にも言ったように、これは何も新しい概念ではなく、謎めいたものは何もない。

　あなたがこれから学ぼうとするテクニックは、過去の伝説的トレーダーによって使われてきたアプローチに根ざしたものだ。彼らの時代にはコンピューターもインターネットもなかった。すべては手動で行われた。彼らは手で描いたチャートを使い、テープから価格を読み取った。今ではこれらはすべて電子チャートで自動的に行われるのだか

ら、私たちは本当にラッキーだ。私たちのやるべきことは、価格と出来高の関係を読み取ることだけである。そのためには良い教師が必要だ。

そこで、私がその教師になって、本書でいろいろなことを教えていきたいと思う。

ところで、私はなぜ出来高と価格との相互依存関係を重視するようになったのだろうか。これは私にとってとても高いものについたが、今にして思えばトレードの旅を出来高から始められたことは、私にとってとてもラッキーだったと思っている。多くのトレーダーは長年にわたってさまざまなアプローチをいろいろと試してきた。期待どおりの結果を出せずに、１つ失敗するたびに幻滅を感じ、また次のアプローチを試す。こうして堂々巡りを繰り返す。

思えば私は非常にラッキーだった。だから、この幸運をあなたと共有したいと思っている。もしあなたが初心者なら、あなたはラッキーだ。長く無益な旅をして痛みを感じることを避けることができるからだ。もちろんベテラントレーダーも大歓迎だ。本書はきっとあなたの期待に応えてくれるはずだ。そして、トレードの本をもう１冊読もうという気にさせてくれるはずだ。

これから私の話をするが、登場人物の名前は実名だ。彼らの多くはまだトレードの世界にかかわっている。

私がトレードを始めたわけ

1990年代の終わり、私は年金資産はなぜ株式市場で起こっていることを反映していないのだろうと感じていた。そのときの市場は上昇トレンドだった。インターネットが普及する前は、頼れるものは新聞しかなかった。あれは1998年１月のことだった。トレードで大儲けしたあるトレーダーの記事をサンデー・タイムズで読んだ。彼は自分のメ

ソッドを教える人を募集していた。彼の名はアルバート・ラボスだ。

それから２週間後の日曜日の早朝、私は希望を胸に抱いた何百人という人々で埋め尽くされたHMSプレジデント号の一室にいた。プレジデント号は1918年に建造された有名な対潜Qシップで、テムズ川のブラックフライアーズ橋近くに係留されている。私は小切手帳を片手に、提供してくれるものはどんなものでも受け入れようという思いでそのイベントに赴いた。

イベントは最初から謎に包まれていた。まず、ラボスは「スパイ」がいたら出ていくようにと言った。彼はスパイがだれなのか、なぜここにいるのか知っていた。あとで分かったのだが、スパイとは大手銀行から来ている人たちで、彼の秘密のトレードテクニックを盗みに来ている人たちのことだった。こうしたマーケットメーカーたちによって組織されているカルテルに彼のテクニックを取り込まれるのを案じてのことだった。

次に、トム・ウィリアムズという人が紹介された。ウィリアムズは弱視だと聞いたが、彼が白い杖を持っていたかどうかはよく覚えていない。彼は元「シンジケートトレーダー」だとも言われた。しかし、今日にいたるまで、「シンジケートトレーダー」とは何なのか、何をする人なのか、よく分からずじまいだ。でも、そのときはとても印象的に聞こえた。宣伝の合間にいろいろなチャートが提示され、ラボスはエリートトレーダーグループを探しているのだと言った。スペースには限りがあるため、トレーニングを受けられるのは選ばれたごくわずかな人たちだけだと彼は言った。

そこにいた人たちの多くは、私も含めて、是が非でもトレーニングに参加したいと思った。この「一生に一度の機会」に受け入れられた私は喜びでいっぱいで、２週間のコースに喜んで5000ポンド支払った。

ちょっと怪しげな話だと思った人がいたとすれば、あなたは正しい。でも、ラボスは超有名な新聞に広告が載っていたし、私は彼を信じて

疑わなかった。私は彼から学びたいと心から思った。

　２週間のコースの間にエッセーを１本書き、エドウィン・ルフェーブルの『欲望と幻想の市場』（東洋経済新報社）を読むことを勧められた。これはジェシー・リバモアの自伝的物語だ。これはトレーダーや投資家の必読書だ。

　この２週間を通じて私が得た最も重要なメッセージは、すべての金融市場は操作されているというものだった。値動きが本物なのか偽物なのかを知る唯一の方法。それが出来高だった。出来高は隠すことができない。だれもが見ることができる。

　出来高の話に納得した私は、夫のデビッドにもラボスのコースを取るように勧めた。

　今にして思えば、このコースは４～５日に凝縮することができるようなものだったため、かなり高いものだった。しかし、デビッドと私は価格と出来高の基本的な原理を習得し、それ以来、これら２つの要素を私たちのトレードと投資手法に組み込んだ。その間、私たちはありとあらゆる市場をうまくトレードし、この５年間は70のウェブサイトのネットワークを通じて、私たちの知識と経験を教えてきた。

　本書は、この知識をもっと詳しく次世代のトレーダーや投資家たちに伝える良い機会を与えてくれるものだ。そのなかにあなたも入っていることを願うばかりである。

第1章
トレードに新しいものは何一つない
There's Nothing New In Trading

「日の下には新しいものはない」──旧約聖書(「伝道の書」第1章9節)

　まずは1冊の本から紹介させていただこう。これは、無知で、期待に胸を躍らせていたあの初日の朝、ラボスに勧められた「教科書」で、私は何度読んだか知れやしない。
　その本とは、エドウィン・ルフェーブルが書いた『欲望と幻想の市場』(東洋経済新報社)で、1923年に出版されたものだ。これは伝説のトレーダーであるジェシー・リバモアの自伝的小説で、当時はもちろんのこと、今日にも通じるものがある。なかでも特に印象的なのが次の下りだ。

> ウォール街に新しいものは何一つない。なぜなら投機は古くから存在するものだからだ。今の株式市場で起こっていることは過去に起こったことであり、将来的にもまた起こるだろう。

　これは要約すれば出来高、つまりVPA(出来高・価格分析)のことを言っているのである。もしあなたが新しくてエキサイティングなトレードアプローチを期待しているのなら、がっかりするかもしれない。VPAの基本は金融市場に根ざしたものだ。私たちが毎日目にするロジックを受け入れるトレーダーがほとんどいないのは、私には不思議でならない。

VPAは100年以上前から存在するものだ。これは個人の莫大な富が作られる土台であり、伝説的な機関投資家が依って立つものでもある。
　ここであなたは３つの疑問を持つはずだ。

１．出来高は今でも関係があるのか
２．出来高は私がトレードする市場にも関係があるのか
３．出来高はどんなトレード戦略や投資戦略にも使えるのか

　まず最初の質問に答えよう。次の一節は『ストック・アンド・コモディティー』誌から引いたデビット・ペンの言葉である。彼は2002年当時の同誌のスタッフライターで、彼がワイコフについて書いた記事からの一節である。

> **ワイコフの基本的な教義の多くはテクニカル分析の事実上の標準になった。例えば、アキュミュレーション（買い集め）とディストリビューション（売り抜け）や、値動きを判断するとき価格と出来高が主要な要素になることなどがそうだ。**

　２番目の質問には個人的な見解でしか答えることができない。
　私のトレードキャリアは指数先物取引から始まった。その後、投資では現物市場を、投機ではコモディティーをトレードするようになり、最終的には先物と現物の通貨をトレードするようになった。これらのトレードで私が主な分析アプローチとして使ったのは出来高と価格だった。現物のFXでも出来高と価格を使った。そう、FXにも出来高があるのだ。このように、VPAはどんな市場にも使える。このアプローチは万能なのだ。VPAを習得すれば、どんな時間枠にも、どんな投資対象にも使える。
　最後の質問に対する答えは、リチャード・ワイコフの言葉を引用す

るのが最もよさそうだ。このあと話すが、リチャード・ワイコフは VPAの生みの親でもある。**『板情報トレード――テープリーディングのプロが教える株式売買法』**（パンローリング）の一節から。

> **市場をその動きで判断するとき、次の小さな30分のスイングを予測するのか、次の２～３週間のトレンドを予測するのかは大した問題ではない。どちらを予測するにしても、価格、出来高、値動き、支持線、抵抗を指し示すものがはっきりと現れているからだ。１滴の水のなかにも、大海のなかにも、同じ要素が見つかるのだ。**

　つまり、投機家として株や債券、通貨をスキャルピングしようが、トレンドトレーダー、スイングトレーダー、ポジショントレーダーとしてこれらの市場をトレードしようが、あるいはもっと長期の投資家であろうが、本書に書いてあるテクニックは100年前も有効だったし、今も有効であるということなのである。これが純然たる事実なのである。唯一の条件は、同じチャート上に価格と出来高が描かれているということだけである。

　このパワフルなテクニックについては、前世紀の偉大なトレーダーに負うところが大きい。今日私たちがテクニカル分析と呼んでいるものの基礎を築いた人々。例えば、チャールズ・ダウ。彼はダウ・ジョーンズとウォール・ストリート・ジャーナルの創始者であり、ダウ理論を提唱した人物だ。テクニカル分析の父とも呼ばれている。

　ダウの信念の１つは、価格のトレンドを裏付けるものは出来高である、というものだった。価格が出来高を伴わないで動いている場合、それにはいろいろな理由が考えられる。しかし、価格の動きが出来高を伴っている場合、それは本物の動きであると彼は信じていた。価格が一方向に動き続け、出来高を伴っていれば、それはトレンドの始ま

りのサインである。

　チャールズ・ダウはこの基本原理を発展させて、トレンドの３つのステージという概念に拡張した。彼は上昇トレンドの第一ステージを「アキュムレーション」と定義した。これは上昇トレンドの開始点である。そして第二ステージを「一般大衆の参加」と定義した。これはトレンドフォローステージだ。この段階は３つの段階のなかで最も長いのが普通だ。そして最後の第三ステージを「ディストリビューション」と定義した。これは投資家たちが黄金の機会を逃すまいとして市場になだれこむ段階だ。

　一般大衆が喜び勇んで買っているときに、ダウ・ジョーンズが「スマートマネー」と呼んだ人々はまったく逆のことをやっていた。つまり、売るわけである。スマートマネーは買いに群がる一般大衆に売りつけて、利食いするわけである。そして、この買いと売りの一連の行動はすべて出来高にはっきりと反映されているのである。

　チャールズ・ダウはトレードや投資アプローチの研究成果を本にして出版することはなく、創刊したばかりのウォール・ストリート・ジャーナルで自分の考えや意見を発表することを好んだ。彼の研究成果がまとめられて出版されたのは、彼の死後の1902年になってからのことである。最初は親友であり同僚でもあったサム・ネルソンによって出版され、のちにウィリアム・ハミルトンによって出版された。チャールズ・ダウの代名詞とも言える「ダウ理論」という言葉が最初に使われたのは、1903年に出版された『ＡＢＣ・オブ・ストック・スペキュレーション（The ABC of Stock Speculation）』のなかでだった。

　出来高は彼のアプローチの中心的テーマの１つで、関連する値動きの裏付けになるものであったが、これはチャールズ・ダウの原理の１つであるトレンドから発展したものだ。彼のもう１つのテーマは指数という概念で、これは値動きの裏付けとなる市場の振る舞いの基本について、投資家に別の見方を与えるものである。「関連する産業セク

ター」によって経済全体を広い文脈で見るためのベンチマークとして、彼がダウ輸送株指数などさまざまな指数を開発したのはこのためだ。

　経済が強ければ、それは市場のさまざまなセクターに含まれる会社のパフォーマンスに反映される。これは言ってみれば、クロスマーケット分析の走りである。

　チャールズ・ダウがテクニカル分析の生みの親とするならば、VPAの生みの親は彼と同時代のリチャード・ワイコフだ。私たちが今使っている手法の基礎を築いたのが彼である。

　ワイコフはダウと同時代の人で、1888年に15歳で株式の外務員としてウォール街で働き始めた。ちょうどダウがウォール・ストリート・ジャーナルの創刊号を発行したのと同じころだ。25歳のとき、トレードで稼いだお金を元手にブローカーを設立した。彼は一風変わっていて、彼がブローカーを設立したのは、もっとお金儲けをするためではなく（もちろんお金も儲けたが）、一般投資家を教育し、客観的な情報を提供するためだった。これは彼の一生を通じての信念だった。また、チャールズ・ダウとは違って、彼は多くの著書を残している。

　初版が通信教育講座として1930年代初めに出版されたワイコフの独創性に富んだ『リチャード・ワイコフ・メソッド・オブ・トレーディング・アンド・インベスティング・イン・ストックス（The Richard Wyckoff Method of Trading and Investing in Stocks)』は、今でもウォール街の投資銀行のバイブルとなっている。これは基本的に株式講座の形で書かれている。同書を入手するのは難しいが、古本屋に行けば見つかるかもしれない。

　ワイコフには自主的な投資家に市場のメカニズムを教えたいという強い願望があった。そこで彼は1907年に『ティッカー（The Ticker)』という月刊誌を創刊した。これはのちに人気の高い『マガジン・オブ・ウォール・ストリート（The Magazine of Wall Street)』に統合された。彼が『ティッカー』を出版したのにはいろいろな理由があるが、その

1つは、市場と市場の振る舞いに関する彼の考え方にあった。成功するためには、自分自身でテクニカル分析を行う必要があり、いわゆる専門家と言われる人々や金融メディアの言うことを信じてはならない、と彼は固く信じていた。また彼は、このアプローチはアートであって科学ではないとも思っていた。

ワイコフが彼の読者や講座やセミナーに参加した人たちに伝えたいことはただ1つだった。長年市場を研究し、ウォール街で働いた経験を持つ彼は、価格は需要と供給という経済の基本的な原理によって動くものであり、したがって価格と出来高の関係を観察することで、市場の将来的な方向性を予測できると信じていた。彼が伝えたかったのはこのことだった。

ワイコフが何回もインタビューして、その記事を『マガジン・オブ・ウォール・ストリート』に載せたチャールズ・ダウやジェシー・リバモアのような過去の偉大な人物には共通点が1つあった。それは、彼らがインスピレーションの源としてティッカーテープを使っていたことである。ティッカーテープこそが需要と供給の基本的な法則を提供してくれるものであり、価格、出来高、時間、トレンドを教えてくれるものなのである。

ワイコフは研究を重ねた結果、3つの基本法則を見いだした。

1．需要と供給の法則

これは彼の最初の基本法則で、1分ごと、足ごとに繰り広げられる価格のせめぎ合いに市場がどう反応するかを知り尽くしたブローカーとしての経験から導き出されたものだ。需要が供給を上回るとき、価格は需要を満たすために上昇する。逆に供給が需要を上回ると価格は下落し、やがては過剰な供給は吸収される。

冬のセールを考えてみよう。価格が下落し、買い手が過剰な供給を

吸収する良い例だ。

2．原因と結果の法則

　2番目の法則は、結果を出すためには原因がなければならず、さらに、結果は原因に正比例しなければならないことを言ったものだ。つまり、出来高が少なければ、値動きも小さいということである。この法則は多くの足に当てはまり、そのあとのトレンドの度合いを決定づけるものである。原因が大きければ、結果も大きく、原因が小さければ、結果も小さい。

　最も卑近な例が海の波だ。大きな波が当たれば、船は大きく揺れるが、波が小さければ、船はほとんど動かない。

3．努力と結果の法則

　ワイコフの3番目の法則はニュートンの運動の第三法則に似ている。物体に力が加わると、物体は同じ大きさの力で押し返す。つまり、チャート上の値動きは出来高の動きを反映するということである。出来高と価格は常に一致し、努力（出来高）の結果として結果（値動き）が生じるわけである。ワイコフが言うように、これは私たちが「法廷アプローチ」を使って各足を分析して、この法則が正しかったかどうかを判断する場所だ。法則が正しければ、市場は本来の動きをしていることになり、次の足の分析へと進むことができる。しかし、法則が正しくなくて、例外が発生すれば、犯罪現場捜査官のように私たちはその理由をはっきりさせなければならない。

　『ティッカー』にはワイコフのアプローチが完璧に記述されていた。20年にわたる市場の研究と、ジェシー・リバモアやＪ・Ｐ・モルガン

といった偉大なトレーダーとの対話を通じて、彼はテープリーディングの第一人者の１人になった。テープリーディングは彼の手法と分析の基礎となった。1910年、ワイコフは『**板情報トレード**』（パンローリング）を書いた。これは今でもテープリーディングの古典として根強い人気がある。彼は同書を自分自身の名前ではなく、「ロロ・テープ」というペンネームで出版している。

リバモアもテープリーディングの信奉者で、ワイコフ同様、ウォール街の伝説的人物である。彼がウォール街で働き始めたのは15歳のときで、彼のトレードキャリアはティッカーテープから最新価格を読み上げる相場表示板係として始まった。彼が最新価格を読み上げると、彼が働いていたペイン・ウェバーのボードに掲示される。仕事そのものは退屈だったが、若いリバモアは売り買い注文と価格の絶え間ない流れがストーリーを奏でていることにすぐに気づいた。テープは彼に語りかけ、市場内部の究極の秘密を教えてくれた。

株が買われたり売られたりすると、株価は一定の動きをし、やがては大きな動きになることに彼は気づいた。彼はブローカーをやめ、ティッカーテープから得た知識をもとにフルタイムのトレードを始めた。彼は２年で1000ドルを２万ドルにした。これは当時のお金では大金だった。21歳になるころには２万ドルは20万ドルに膨れ上がり、彼は「ボーイプランジャー」（無鉄砲な少年相場師）と呼ばれるようになった。

彼は投資対象を株式からコモディティーへと変え、さらに大金を稼いだ。数百万ドルを稼いだり失ったりと、彼の口座は大きなアップダウンを繰り返したが、２つの大きな株式市場の大暴落で空売りして大きな利益を手に入れたことで名声を不動のものにした。最初の空売りは1907年の大暴落で、彼はこれで300万ドル以上の利益を手にした。1929年の大恐慌ではこの利益の一部を市場に戻したが、彼はこの大恐慌では控えめに見積もっても１億ドルは儲けた。他人がすべてを失っているときに、ジェシー・リバモアは大儲けした。メディアは彼を非

難し、スケープゴートに祭り上げた。多くの者が痛手を被っているときに大金を儲けたのだから、非難されるのは当然かもしれない。

その日、リバモアの妻はまた破産したと思いこみ、差し押さえがやって来る前に家具や宝石を23ものベッドルームがある家からほかの場所に移した。その夜、彼は帰宅すると、その日はこれまでで一番儲かった日だった、と静かに言った。

こうした伝説的トレーダーにとって、ティッカーテープは金融市場の世界への窓だったのだ。ワイコフはティッカーテープのことを次のように言っている。

今、テープに現れていることから将来起こることを予測する方法。

彼はのちに『ワイコフの相場成功指南 —— 勝つための板情報の読み方入門』のなかで次のように言っている。

> テープリーディングは疾走する馬のようなものだ。テープリーディングの目的は、株が買い集められているのか売り抜けられているのか、株価が上昇するのか下落するのか、あるいは関心が失われているのかどうかを判断することである。テープリーダーは連続する取引から、つまり市場の万華鏡が動くたびに推論し、新しい状況を把握し、電光石火のごとくそれを脳のはかりにかけて、冷静にそして正確に結論を導き出す。彼らは特定の株式や市場全体のその瞬間の需要と供給を測定し、その背後にある力とそれの全体的な力との関係を比較しているのである。
>
> テープリーダーはデパートのマネジャーのようなものだ。彼のオフィスにはいろいろな部署から何百という売上報告書が届く。彼はそれをもとにデパート全体では需要が多いのか少ないのかというビジネスのトレンドをつかむ。そして、需要が極端に多いか少

図1.1 ティッカーテープの例

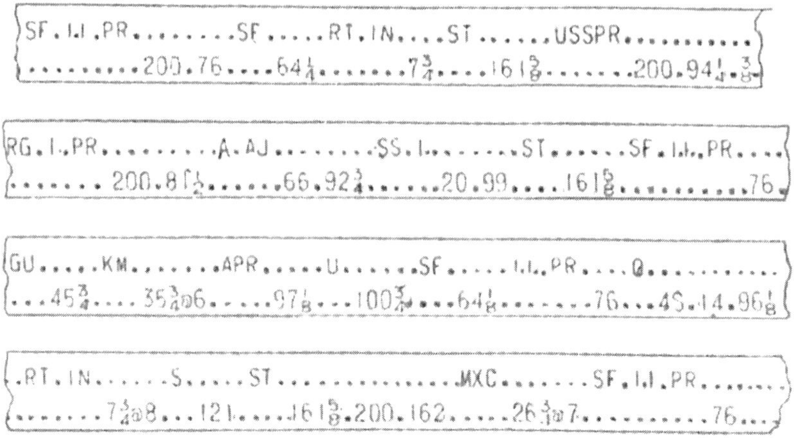

```
SF.I.I.PR........SF....RT.IN...ST.....USSPR.........
.......200.76...64¼....7¾....161⅝.....200.94¼..⅜

RG.I.PR..........A.AJ.........SS.I......ST.......SF.I.I.PR...
......200.81½....66.92¾....20.99....161⅝........76

GU.....KM......APR.....U.....SF......I.I..PR....Q.........
...45¾....35¾o6....97⅛...100¾....64¼......76...4S.14.96⅛

.RT.IN......S.....ST...........MXC......SF.I.I.PR......
......7½o8....121....161⅝.200.162....26¾o7......76...
```

ない部署に注目する。ある部署では棚を満杯にしておくことが難しいことが分かると、バイヤーに指示を出し、買い注文を増やす。商品の動きが少ないと、需要（マーケット）が少ないということになる。したがって、彼は価格を下げて買い手に買う動機を与える。

これらはすべてのトレーダーが知っておかなければならないことだ。

1860年代の中ごろ、モールス信号を使って交信する電信システムとして開発されたテクノロジーがやがては株価やオーダーフローを伝えるシステムに使われるようになった。

次に開発されたのは、立ち会いの間中数字をパンチする細い紙のテープである。図1.1は、偉大なトレーダーたちが富を築くのに実際に使ったティッカーテープだ。

信じられないかもしれないが、ここには出来高、価格、トレンド、時間の関係がすべて示されている。

図1.1はセレノ・S・プラットの『ワーク・オブ・ウォール・ストリート（The Work of Wall Street）』からの図だ。

図1.2　ウォール街で大暴落が始まったときのティッカーテープ

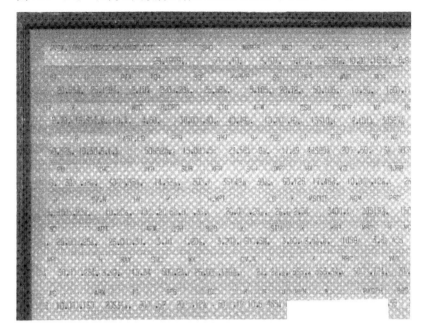

　チャールズ・ダウ、ジェシー・リバモア、リチャード・ワイコフ、J・P・モルガンを初めとする伝説のトレーダーたちが毎日オフィスで目にしていたのがまさにこのティッカーテープである。ティッカーテープは市場価格や買いや売りへの反応、需要と供給をカチカチと絶え間なく打ち出す魔法の機械だったのである。

　すべての情報は取引所で手動で入力され、いろいろなブローカーのティッカーテープマシンに配布された。詳細をできるだけシンプルにし、必要なすべての情報を伝達するために略式コードが開発された。

　図1.2はウォール街で大暴落が始まった1929年10月29日朝のティッカーテープを示したものだ。これは最も有名な——悪名高いというべきか——ティッカーテープの例である。

　図1.2はアメリカ金融博物館から提供されたものだ。そこに行くと

オリジナルを見ることができる。

　ティッカーテープの上の行に表示されているのがティッカーシンボルと呼ばれるものだ。例えば、グッドイヤータイヤはGT、USスティールはX、ラジオ・コーポレーションはR、ウェスティングハウス・エレクトリックはWXといった具合だ。ティッカーシンボルの隣に表示されているPRは、売られている株が普通株ではなく優先株であることを示している。

　下の行には株価と出来高が表示されている。これもまた高速処理のために省略形で表示されている。「S」は、取引されている株数と建値とを仕切るためのもので、これはドットと同じ意味である。「SS」は株数が100株より少ない端数株であることを示している。通常、建値からはゼロは省略される。これもまた高速処理のためだ。USスティール（X）を例に取って見てみよう。最初の行には「10,000　185 3/4」と表示されているが、そのずっと下のほうを見ると、建値が2.5 1/2になっている。しかし、こういった大暴落の日には、株価は185のままだったかもしれないし、175、あるいは165に下がったかもしれない。

　伝説のトレーダーたちはこのテープをすぐに理解するようになった。ティッカーの言葉が分かるようになると、彼らはテープはストーリーを語っていることに気づいた。価格と出来高からあらゆることが分かるのだ。長期分析をするために、彼らはこれらの情報をチャートにした。

　この時代から変わったものはあるのだろうか。正直なところ、変わったものはほとんどない。

　今はチャートが電子化されているので私たちは本当にラッキーだ。値動きと出来高は1秒ごと、ティックごとに見ることができる。ティッカーが今でも重要なものであることを示すために、現代版のティッカーを以下に示す（**図1.3**）。唯一の違いは電子化されたことで、提

図1.3　電子化されたティッカー

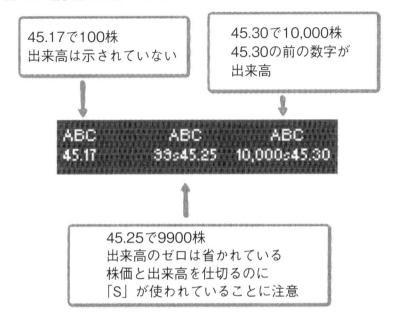

供される情報は昔と変わりはない。

　これには見覚えがあるのではないだろうか。

　株価は45.17から45.30に上昇している。これに伴って出来高も増加している。ティッカーテープからは株価が変化した時間は分からず、出来高が少ないのか、平均以上なのか、多いのかも分からない。これらは重要な要素だ。

　昔のティッカーテープと現在のティッカーテープは似ているが、「大きな」違いが1つだけある。それは表示される情報の瞬時性だ。昔はティッカーテープのデータは数分から数時間遅れて表示されていた。そんな悪条件にもかかわらず伝説のトレーダーたちはそれで大金を儲けたわけだから、驚くべきことである。今日ではすべての情報はリアルタイムで瞬時に表示される。電子ティッカーも、電子チャートも、

レベル１やレベル２のオンスクリーンティッカーも瞬時に表示されるため、彼らの時代に比べるとトレードはかなりやりやすくなったはずだ。

最後に、もう１人、トレードの「巨人」を紹介しよう。おそらくはあまりよく知られていないはずだ。彼が残した遺産は、ダウやリバモアやワイコフとは大きく異なる。彼は「スペシャリスト」や「インサイダー」と呼ばれた最初の人物で、私たちはマーケットメーカーと呼ぶ。

彼の名前はリチャード・ネイで、1916年に生まれた。ハリウッドで俳優をやっていたが、のちに投資家・トレーダーとなり、著書も残している。株式市場の内部構造や規制当局、政府、取引所、銀行間の暗黙の同意を世に知らしめたのが彼だ。教育者として、ゲームが内部で不正操作されていることを一般投資家が理解するのを手助けしたという意味ではワイコフに似ている。

彼が初めて書いた『ウォール・ストリート・ジャングル――株価操作の内幕』（ダイヤモンド社）は1970年にニューヨーク・タイムズのベストセラーになった。そして、続編として『ウォール・ストリート・ギャング（The Wall Street Gang）』と『メイキング・イット・イン・ザ・マーケット（Making It In The Market）』の２冊を書いた。いずれも扱っているテーマは同じだ。おおよその雰囲気を分かってもらうために、上院議員リー・メトカーフによる『ウォール・ストリート・ギャング』のまえがきの一節を紹介したいと思う。

> SEC（証券取引委員会）の章でネイは証券取引所の秘密の操作について書いている。特殊な情報を持ち、取引されている株の実際の価格がどうであれ、あらゆる取引から利益を得るインサイダーのために株価は操作されている。投資家たちは蚊帳の外だ。上場株の実際の価格など無関係だ。このゲームの名前を操作という。

同書のまえがきを書いているのはその当時の上院議員である。リチャード・ネイが一般大衆の英雄とみなされていたのもうなずけるというものだ。

　彼の本は今でも入手可能で、今でも十分に通用する。なぜならリチャード・ネイがこれらの本で書いていることはどんな市場でも今でも行われているからだ。私は何も陰謀説を唱えているわけではない。これがトレードの世界の現実なのだ。私たちがトレードしたり投資している市場はすべて何らかの形で操作されている。株式市場はマーケットメーカーによって秘密裏に操作され、FXは中央銀行が定期的に、ときには公然と介入する。

　しかし、インサイダーが隠せないものが１つだけある。それが出来高だ。だからあなたは本書を読んでいる。出来高は行動を明らかにする。出来高は値動きの背後にある真実を明らかにする。出来高は価格を裏付けるものなのだ。

　最後に『ウォール・ストリート・ギャング』からもう１つ引用したい。これで私の言いたいことが分かってもらえるはずであり、次章にスムーズに進むことができる。「The Specialist's Use of the Short Sale」（スペシャリストによる空売りの利用）の章で、リチャード・ネイは次のように言っている。

**　スペシャリストのやり口を理解するには、スペシャリストは株の在庫を小売価格で売る商人と考えると分かりやすい。在庫を売り尽くしたら、今度はその利益を使って卸売価格で商品を買う。この概念からは、８つの法則を導きだすことができる。**

1．スペシャリストは卸売価格で仕入れたものを小売価格で売ろうとする商人である。
2．スペシャリストはビジネスを長くやればやるほど、お金をたんま

りと貯め込み、そのお金で株を卸売価格で買って、小売価格で売る。
3．通信媒体の発展によってより多くの人々が市場に参入するようになり、それによって需要と供給が増え、株価のボラティリティは上昇する。
4．株を大量に売買するために、証券取引所のメンバーはマスメディアを使って彼らの販売テクニックを増強する新たな方法を見つけようとする。
5．スペシャリストは十分な株を得るために多くの金融情報を利用して、価格を大きく下落させて、一般大衆をふるい落とす。
6．スペシャリストは株価を劇的に上昇させて一般大衆の関心を引きつけ、買い集めた在庫を売り抜く。
7．非常にアクティブな株は売り抜けるのに時間がかかる。
8．経済は株価の大暴落の影響にさらされやすく、そのためインフレ、失業、高金利、原料不足が発生する。

　1960年代、70年代、80年代を通じて市場の天井と底を言い当てたリチャード・ネイはこう書いている。SECをむち打った彼は、一般投機家や投資家のヒーローだった。
　数字の裏にある真実を暴きだすのが出来高である。株式市場やFXといった操作された市場でトレードしていても、あるいは大口投資家のいる先物をトレードしていても、その操作とオーダーフローをありのままに暴きだすのが出来高なのである。
　株式市場のマーケットメーカーも、FX市場の為替レートを設定する主要銀行も、出来高を隠すことはできない。純粋市場である先物市場では、出来高が価格の裏付けとなり、需要と供給の実態を明らかにし、大口投資家が市場に出入りするたびに、センチメントやオーダーフローを明らかにしてくれる。
　次章では、出来高をより詳しく見ていくが、まずは私が何年も前に

『ストック・アンド・コモディティー』誌に書いた記事から見ていきたいと思う。これはリチャード・ネイの８つの法則と同じことを述べている。この記事を書いたのは私がリチャード・ネイのことを知り、彼の本と出合うずっと前のことだが、書いてある内容は一致する。これはトレードにおける出来高の重要性を強調するものだ。これで私のメッセージがうまく伝わればよいのだが。たとえ話を読んでもらえば、私の言いたいことは分かってもらえると思う。

第2章
なぜ出来高なのか
Why Volume?

「重要なのは他人よりも多くの情報を得ることである――そしてそれを正しく分析し、理性的に使うことである」――ウォーレン・バフェット(1930年～)

以下の記事は私が何年も前に『ストック・アンド・コモディティー』誌のために書いたもので、タイトルは「アンクル・ジョーのたとえ話」である。若干の手直しはしたものの、本旨はオリジナルと変わらない。

アンクル・ジョーのたとえ話

トレードでひどい負けを喫した翌日、アンクル・ジョーは私を呼び出し、市場のメカニズムについての厳しい現実について話をして、私を慰めてくれた。

アンクル・ジョーはユニークな会社を経営している。そのおかげで彼は、株価がどのように操作されているのか、市場をインサイダーの視点で見ることができるようになった。

彼の会社、ウィジェットは、小型装置を販売するアメリカ唯一の会社で、政府のライセンスを取得している。この会社は長年にわたってユニークな小型装置の売買を行ってきた。これらの小型装置には本質的な価値がある。その装置はけっして壊れることはなく、市中に流通している数量は常に一定だ。

会社を長く経営してきた経験を持つ賢明なアンクル・ジョーは、小型装置を顧客に売買するだけではつまらないと思うようになった。1

回の売買で稼げるお金などたかが知れており、1日の取引量もそれほど多くなかった。

　しかも、事務所代、倉庫代、従業員への給料といった経営費もすべて賄わなければならない。何とかしなければ、と彼は思った。

　隣人にもうすぐ小型装置が品薄になると言ったらどうだろう、と彼は考えた。隣人はおしゃべりだから、地方紙に広告を載せるのと同じくらいの効果があるはずだ。この計画が成功すれば需要が高まるはずだ。それを賄うだけの在庫は十分にある。

　翌日、外で隣人に会ったとき、彼はさりげなくそのことを隣人に話した。この話は秘密にしておいてくれ、と彼は隣人に言った。隣人は、約束は守る、けっして人には漏らさない、と言った。

　何日かたったが、小型装置の売り上げは横ばいのままだった。

　しかし、1週間が過ぎるころ、顧客がわんさかと倉庫に押し寄せて、小型装置を大量に買っていったので売り上げは急に伸び始めた。彼の計画はうまくいき始めたようで、みんなハッピーだった。彼の顧客もその小型装置がもうすぐ品薄になると思っていたため、大量に買い込んでハッピーだった。したがって、小型装置の価格は上昇するだろう。アンクル・ジョーは小型装置がたくさん売れ、毎日大金が舞い込んでくるのでハッピーだった。そこで彼は考えた。

　だれもが彼の小型装置を買っている。ここで価格を上げたらどうなるだろうか。彼が唯一の供給者で、需要は高まっていた。

　翌日、彼は価格を上げると発表した。もうすぐ小型装置は品薄になるので、顧客は大量に買い続けるだろうと彼は思った。

　数週間のうちに彼は価格を徐々に上げていった。でも購買の勢いは止まらなかった。目ざとい顧客の数人が、彼に小型装置を売り戻し始めた。でも、買いたい顧客はたくさんいたので、アンクル・ジョーはそれを気に留めることはなかった。

　アンクル・ジョーはご機嫌だった。しかし、ある日、彼は在庫がな

くなりつつあることに突然気づいた。さらに、日々の売り上げも減少していた。彼は価格を上げ続けることを決めた。そうすればみんなは今の状況が変わらないと思うだろう。

ところが、新たな問題が発生した。彼の最初の計画は成功した。しかし、在庫がなくなり、すべての顧客に小型装置を売ってもらわなければ、彼はビジネスを続けることができない。はて、これを顧客にどう説得すればよいのか。

彼は何日か考えたが、妙案は浮かばなかった。そのあと彼は町で偶然隣人に出くわした。彼はアンクル・ジョーを脇に引き寄せて、噂は本当かと聞いてきた。どんな噂か聞くと、彼の会社よりもはるかに大きな小型装置の販売会社がその地域でビジネスを始めるというのだ。

賢明なアンクル・ジョーは、神が答えを与えてくれたことをすぐに悟った。その噂は本当で、そうなれば、彼のビジネスは大打撃を受けることになる、と隣人に話した。もっと重要なのは、小型装置の価格が劇的に下落する可能性があることだった。

彼は隣人と別れると、何てラッキーなんだ、と一人ほくそえんだ。隣人はまたこの噂をすぐに広めてくれるはずだ。

何日かたつと、彼の倉庫の外には小型装置を買ってもらいたいという人の列ができた。たくさんの人が売りに来たので、彼は価格をいきなり下げた。人々は装置が無価値になる前に買ってもらおうと懸命だった。

価格が下がるにつれて、人々はプレッシャーで押しつぶされそうになった。アンクル・ジョーは大量の小型装置を買った。数週間後、プレッシャーに打ち勝つほど勇敢な顧客はいなくなり、パニック売りは一段落した。

さてさて、その後アンクル・ジョーはどうしたかと言うと、在庫でいっぱいになった倉庫から、昔の価格で再び小型装置を売り始めたのである。彼は短期間で大金を儲けたので、数カ月は売れなくても気に

はしなかった。彼は今では気楽に考えることができるようになっていた。経営費も賄うことができ、従業員にボーナスまで支払うことができた。噂がどこでどのように始まったかなど気にする人はなくなり、また元の生活に戻った。

アンクル・ジョーがプランを思いつくまでは静かな生活が流れていた。もう一度やってみようか。

アンクル・ジョーの話はもちろん作り話だ。これはリチャード・ネイの本に出合う以前に書いたものだが、インサイダーやスペシャリストやマーケットメーカーと呼ばれる人々のことを記述するのに、リチャード・ネイが同じようなたとえ話を使っているのは興味深い。

これは金融市場の偉大な皮肉の1つだと私は（そして、リチャード・ネイも）思っている。個人によるインサイダー取引は罰せられ、刑務所に長年入れられ、重い罰金も科せられるが、インサイダーによるインサイダー取引は奨励され、認可されている。取引所や政府にとって問題なのは、市場のホールセラーであり株式の売買を保証してくれるマーケットメーカーがいなければ、市場は機能しなくなるということである。私たちが現物市場で売買するとき、私たちの注文は必ず執行される。これがマーケットメーカーの仕事である。彼らに選択肢はない。買いでも売りでもすべての注文をさばき、注文控元帳、つまり在庫を管理するのが彼らに付託された義務なのだ。

ネイが言うように、マーケットメーカーはホールセラーであり、それ以下でも以上でもない。彼らはプロのトレーダーだ。彼らは資格が与えられ規制され、あなたが売買したい株の「マーケットをメーク（値付け）」することが許可されてきた。マーケットメーカーは通常は何千人あるいは何万人という従業員を世界中で抱える大きな国際金融機関である。

だれもがよく知っている銀行の場合もあれば、聞いたことがないよ

うな銀行の場合もあるが、彼らには共通点が１つある。それは、莫大なお金を儲けるということである。マーケットメーカーがこういった特殊な立場にあるのは、彼らには市場の両側――需要と供給――を見る能力があるからだ。在庫管理者と言ってもよい。

　アンクル・ジョーのように、彼らには価格を設定できるという強みもある。株式市場全体が不正に操作されていると早合点しないでもらいたい。そうではない。どのマーケットメーカーも単独では不正操作などできない。

　しかし、彼らが機会の窓やいろいろなトレード状況をどう使って価格を操作しているのかを理解する必要はある。彼らは価格を動かすために、どんなニュースでも、関係あるなしにかかわらず使う。何の脈略もない世界的イベントが発生するとなぜ市場がいきなり動くのか、不思議に思ったことはないだろうか。市場はなぜ良いニュースで下落し、悪いニュースで上昇するのだろうと思ったことはないだろうか。

　上の説明は単純化されすぎているが、原理は同じだ。NYSE（ニューヨーク証券取引所）、AMEX（アメリカン証券取引所）、NASDAQといった大きな取引所にはマーケットメーカーとしての役割をするスペシャリストがいる。それらには、バークレー（BARC）やゲッコーLLCなどの会社が含まれ、ビッグ・ボードなどと総称されることがある。2012年の『ブルームバーグ・ビジネス』によると、「取引所は出来高を上げるためにマーケットメーカーにもっとアグレッシブに建値させる方法を実験している」。さらに同じ記事には、米国の取引所はマーケットメーカーの役割を果たせるような会社の数を増やしたがっている、とも書かれている。しかし、こういったこと以外は、リチャード・ネイの時代と大した違いはない。

　これらの会社は結託しているのだろうか。もちろんイエスだ。それは言うまでもない。公然と結託しているのだろうか。それはノーだ。彼らが見ているものは、市場全体の需要と供給のバランスだ。なかで

も自分たちの株の需要と供給のバランスには細心の注意を払う。スペシャリストたちがみんな過剰供給状態にあって、ニュースが売る機会を与えてくれたら、マーケットメーカーたちの在庫は同じ状態なので、みんな一体となって動く。市場をこのように考えれば、よく理解できるはずだ。

　ロンドン証券取引所には多くの証券に対する公認のマーケットメーカーがいる（大商いの株式にはSETSと呼ばれる自動電子システムが使われるため、マーケットメーカーはいない）。

　実際には目に見えないマーケットメーカーのことを説明するのになぜこんなに時間を割くのだろうと思っていることだろう。答えは簡単だ。彼らは「権限を持つインサイダー」として、市場の真ん中に陣取り、市場の両サイドを見ている人物だからである。彼らは常に供給と需要のバランスを正確に把握している。当然ながら、こういった情報をあなたは入手できない。もしあなたが彼らの立場なら、あなたもおそらくは彼らと同じことをするだろう。

　彼らに応戦するための唯一のツールが出来高である。良いか悪いかは別にして、市場で株式をトレードしたり投資したりするとき、マーケットメーカーの存在は紛れもない事実なのである。それを受け入れて、前進するしかない。

　出来高分析は完璧なものではない。マーケットメーカーたちは、通常、取引終了後の数時間以内に報告される大きな動きの報告を回避する方法を何十年にもわたって学んできた。しかし、出来高分析は私たちが「市場の内側」を見ることができる最良のツールである。

　出来高分析は、市場操作が行われているか否かにかかわらず、どんな市場にも適用でき、どんな市場でも同じように役立つ。先物市場は買いと売りの最も純粋な市場で、その出来高は、市場に流れがなくなったとき、それを明確に示してくれる。買い意欲が上昇しているのか下落しているのかを日々教えてくれ、ティックチャートや時間ベース

のチャートで、押し・戻りや反転を明確に示してくれるのも出来高だ。出来高は市場を動かす燃料のようなものだ。出来高は、大口投資家の市場への出入りも教えてくれる。出来高がなければ何も動かず、もし市場が動いていても、出来高がそれに一致しなければ、何かがおかしいのであって、警鐘が鳴る。

　例えば、市場が上昇トレンドにあり、先物価格が大商いを伴って上昇している場合、その値動きは出来高に裏付けられたもので、正しいことが分かる。そんなときは、大口投資家が市場に参入している。同様に、市場が下落し、出来高が増加している場合も、その動きは本物だ。こんな簡単なことはない。これらの原理は、債券だろうが金利だろうが指数だろうがコモディティーだろうが通貨だろうが、どんな市場にも当てはまる。市場が操作されていようがいまいが、価格と出来高分析はどんな市場にも当てはまる。操作されている株式の現物市場では、出来高はマーケットメーカーたちに食い物にされることを回避する究極の武器になる。

　先物市場では、出来高は価格の正しさを確認したり、買い手と売り手の市場センチメントを読み取ったり、トレンドの反転でアクションを取ったりするための合図を送ってくれる。市場の内部情報を持っている大口投資家の動きに追随できるのは、出来高のおかげだ。

　FXの現物市場では問題点が１つある。それは真の出来高が報告されないことである。報告されたとしても、トレードサイズ、つまり取引されている「通貨の量」で示されるのが普通だ。しかし幸いなことに、世界最大の金融市場であるFX市場で出来高を知る方法はある。それは、ティックボリュームというものだ。

　しかし、ティックボリュームも完璧なものではない。とはいえ、トレードに完璧なものなど何もない。第一に、ティックデータはオンラインブローカーのプラットフォームを通じて提供されるため、ティックボリュームはプラットフォームごとに異なる。第二に、データの質

はいくつかの条件に依存する。とりわけ、そのブローカーが銀行間の流動性プールに直接アクセスできるかどうかによるところが大きい。しかし、良いFXブローカーは高品質なデータを提供しているのが普通だ。

　しかし、ティックデータは出来高の代わりとして有効なのだろうか。

　簡単に言えば、イエスだ。長年にわたるさまざまな研究でも、ティックデータは「出来高」の代わりとして、90％市場の実際の「動き」を表すことができるという結果が出ている。結局、出来高とは動きを表すものである。ティックデータは価格変動を意味するので、そういった意味では出来高は価格に反映される。ということは、価格が速く動いているとき、市場で大きな動きがあることを意味するのだろうか。私の考えによれば、答えはイエスだ。大きなニュースが発表される直前と直後にティックチャートを見てみると、それがよく分かるはずだ。

　毎月恒例の米雇用統計を例に取って考えてみよう。これはFXトレーダーが大好きで、よく知っている数字だ。例えば、233ティックチャート（233取引ごとに新しい足が形成される）を見ているとしよう。雇用統計が発表される前は各足が形成されるのに数分かかるが、発表の最中や発表されてからは、まるでスクリーン上にマシンガンが発砲されているように各足は数秒で形成される。足がすべて形成されるのに1時間かかっていたチャートが、今では数分でスクリーンは足で埋め尽くされる。

　これこそまさに市場の動きであって、出来高を表すものである。現物のFX市場では常に市場操作が行われている。いろいろな意味で、FXは最も広く操作されている市場と言えるだろう。その証拠としては通貨戦争を考えればよいが、トレーダーとして私たちが使えるのはティックボリュームだけである。前にも言ったように、ティックボリュームは完璧なものではないが、1つだけはっきり言えることは、それを使えば成功するということである。いろいろな市場のチャートを

見れば、その理由が分かるはずだ。

　まだ信じられないと言う人のために、たとえ話を紹介しよう。

　今あなたはオークション会場にいる。そう、家具のオークションとしよう。それは冬の寒く湿った最悪の日だ。オークション会場は小さな地方の町にある。オークション会場はガラガラで、会場に買い手はほとんどいない。競売人が次の品目を紹介する。それはアンティーク家具だ。彼はオープニング価格から入札を開始する。短い沈黙のあと、競売人は槌を打ち下ろす。入札価格を上げたくても、買い手がいないのでオープニング価格で売るしかない。

　別のシナリオを考えてみよう。せりにかけられる品目は同じだが、今度はオークション会場は大きな首都にある。時は夏で、オークション会場は人でいっぱいだ。競売人が次の品目を紹介する。そう、あのアンティーク家具だ。せりはオープニング価格で開始される。価格はどんどん上昇する。オークション会場にいる入札者は興味を示し、電話による入札者も加わる。やがて入札価格が決まり、その品目は売れる。

　最初の例では価格は一度も変化しなかった。これは関心の欠如を表す。これは入札者がいないということである。換言すれば、出来高がないということである。2番目の例では、価格は何回か素早く変化した。これは会場にいる入札者の関心の高さを表している。つまり、出来高が大きいということである。

　人々の動きと価格は完璧に関連性がある。つまり、ティックデータをFX市場で出来高データの代理として使うことは有効ということである。人々の動きと出来高に関連性があることは、このたとえ話で理解してもらえたのではないだろうか。

　上の簡単なたとえ話は出来高に関するそのほかの3つの重要なポイ

ントも示唆している。

　1つ目は、出来高は相対的であるということである。例えば、私たちはこのオークションに初めて参加したとしよう。参加者の数は平均的なのだろうか、平均を上回っているのだろうか、あるいは下回っているのだろうか。私たちにとってこれが初めての参加で、判断するための基準がないので何とも言えない。私たちがこのオークションに定期的に参加しているのなら、参加者が多いとか少ないといった判断はすぐに下せるし、どれくらいで落札されるかも分かる。

　出来高がパワフルなインディケーターなのはこのためだ。私たち人間には相対的な大きさや高さを直ちに判断する能力が備わっている。出来高がパワフルなのは、出来高の持つ相対的な性格による。テープリーダーとは違って、私たちにはチャートがある。超高速なティックチャートであれ、日中チャートであれ、長期の投資チャートであれ、出来高の相対的な大きさは一目で分かる。重要なのは相対的な関係なのである。

　2つ目は、価格のない出来高は無意味ということである。入札のないオークション会場を考えてみよう。チャートから価格を消すと、残るのは出来高の棒グラフだけである。出来高は関心のあるなしを教えてはくれるが、ただそれだけである。関連する値動きがなければただ関心を示すだけである。科学反応を起こしてVPA（出来高・価格分析）の爆発的なパワーが生まれるのは出来高と価格を組み合わせたときだけである。

　3つ目は、時間は重要な要素であるということである。オークション会場で、入札が数分ではなくて何時間も続いた（これが許容されればの話だが）としたらどうだろう。これは何を意味するのだろうか。その品目に対する関心は低下したということである。入札戦争の熱狂はどこへやら、である。

　水を例に取って考えてみよう。スプリンクラーの付いたホースがあ

るとしよう。水は値動きを表し、スプリンクラーは「出来高」コントロールを表す。スプリンクラーが開かれたままだと、水はパイプの端っこから流れ落ちるだけで、ホースには何の圧力も働かない。しかし、スプリンクラーのバルブを閉めると、水圧が高まり、水は勢いよく流れる。パイプから出る水の量は変わらないが、開口部は狭められる。そこで問題となるのが時間だ。同じ量の水が同じ時間でホースから出ていくが、水圧は高まる。

市場にもこれと同じことが言える。

ここでリチャード・ワイコフの有名な言葉を紹介しよう。

……トレードも投資もほかの追求と同じである。長く携わるほど、テクニックは上達する。「額に汗する」ことなく近道をする人は誤った道を行くことになる。

これは人生のどういった側面にも当てはまるが、価格と出来高の研究では特に重要だ。

トレードを始めると、無料の「出来高」インディケーターや、有料のトレードシステムがたくさんあることが分かってくると思う。有料・無料にかかわらず、これらのものには共通点が1つある。これらのものには価格と出来高の関係を正しく分析する機能が備わっていないということである。トレードはアートであって、科学ではないからだ。

ラボスと2週間過ごしたあと、次の6カ月はチャートの学習に専念し、価格と出来高の関係を勉強した。時々刻々と映しだされるリアルタイムデータと2つのモニター（1つは現物市場用、もう1つは先物市場用）を使って、価格の足と関連する出来高を観察しながら、私の知識を総動員して先物市場の動きを読み取っていった。こんなことを言うと、作業量の多さにゾッとする人もいるだろう。

しかし、私もワイコフ同様に、成功に近道はないと思っている。テクニカル分析はアートだ。出来高と価格の関係を読み解くこともアートだ。これを習得するのには時間がかかるのだ。しかし、過去のテープリーダーのように、これは一度習得すればパワフルなスキルになる。

　テクニックというものは主観的なものであり、自由裁量による意思決定が必要になる。これはけっして自動化できるものではない。もし自動化できるのなら、こんな本なんて火をおこすための燃料にしかならないだろう。

　最後に（今でも本書を読んでいてくれていればよいのだが。上の言葉に触発されて、本書を火のなかに放り投げていないことを願っている）、出来高のもう1つの側面は、私たちが買いや売りについて話すとき、だれの視点で話しているかということである。私たちはホールセラーの視点で話しているのだろうか、それとも一般投資家の視点で話しているのだろうか。

　投資家や投機家として、私たちが出来高を学習する理由は、インサイダーやスペシャリストが何をしているのかを知るためである。彼らが何をやっていても、私たちは彼らの動きに追随して、彼らと同じことをやるだけである。市場がどこに行こうとしているのか、彼らは私たちよりもはるかによく知っている。これはけっして無理な仮説なんかではない。

　したがって、市場が下落トレンドでいきなり大きく下落し、それが出来高に支えられていれば、これは買いのクライマックスということになる。こんなときに買うのはホールセラーであり、パニック売りするのは一般トレーダーだ。買いのクライマックスは私たちにとって機会なのである。

　同様に、上昇トレンドの天井で高い出来高が維持されているとき、それは売りのクライマックスだ。ホールセラーは一般投資家や投資家に売り、一般投資家や投資家は市場がまだ上昇することを期待して買

う。

　このあと出来高について話をするとき、買いと売りは常にホールセラーの視点に立って話をする。なぜならそれは私たちが常に追随しなければならないオーダーフローだからだ。

　次の第3章では、方程式のもう1つの要素である価格について見ていく。

第3章
正しい価格
The Right Price

「弱気筋にとって価格は低すぎることはなく、強気筋にとって価格は高すぎることはない」

　本章では出来高の対となる価格について見ていく。ここで本書の最初で述べたジェシー・リバモアの言葉に戻ろう。

> ウォール街に新しいものは何一つない。なぜなら投機は古くから存在するものだからだ。今の株式市場で起こっていることは過去に起こったことであり、将来的にもまた起こるだろう。

　この有名な言葉を再び引いたのは、トレードには新しいことは何一つないことを強調したかったからである。第1章で述べたように、VPA（出来高・価格分析）は100年以上前から存在する。価格の分析も同じである。トレーダーのチャート分析が変わったのは、1990年代の初めにローソク足チャートが使われ始めてからである。

　トレードにも流行はある。数年前にはやっていたものは廃れ、新しいアプローチが生みだされる。今流行しているものは「プライスアクショントレード」（PAT）と呼ばれるものだ。これはその言葉のとおり、インディケーターはほとんど使わずに、価格分析を使ってトレードするというものだ。これは私にはちょっと奇異に映る。理由は以下のとおりである。

　市場を分析する新しいエキサイティングな方法を考案したと、ジェ

シー・リバモアやチャールズ・ダウ、リチャード・ワイコフ、リチャード・ネイに報告したとしよう。その新しいティッカーテープは出来高は表示せず、価格のみを表示する。ジェシーたちはこのことを知ると口も利けないほど驚くに違いない。でも、心配は無用だ。本書ではプライスアクショントレードについて説明し、そのあとそれを出来高で確認する。したがって、あなたは価格に対する2つのアプローチを手に入れることになる。これはお金を出すだけの価値のあるものだ。

　本題からはそれるが、ロンドン近くのプレジデント山から目と鼻の先に古いLIFFEビルがある。ロンドン国際金融先物取引所のビルだ。私はこの辺りにはよく来るが、取引所は通り過ぎることが多い。日中はそれぞれに色の異なる明るい色のジャケットをはおったトレーダーたちが、コーヒーとサンドイッチで一息入れたあと、取引所のフロアにあわただしく戻っていく姿がよく見られる。彼らは例外なく若い男たちで、騒々しくて生意気だ。ウォールブルック通りとキャノン通りの角には携帯電話を持ったフロアトレーダーの銅像が建っている。それは速い車とアグレッシブなトレードの時代を象徴するものだ。FTSE100先物の注文をフロアで執行する係として私のトレードキャリアがここから始まったのは何とも皮肉である。

　それはアドレナリンが体中を駆け巡り、理解できない手の動きを使って叫びまくり、ノイズと汗の入り混じった熱狂した雰囲気のなかで売り買いを繰り返すトレーダーの世界だった。フロアから発せられる過剰な感情が怒りとなる原始の世界だった。パブリックギャラリーから見る人にもそれがはっきりと分かった。

　しかし、電子取引に移行してからはすべてが変わった。LIFFE取引所も打撃を受けた多くの取引所の1つだった。トレーダーはピットから姿を消して、電子プラットフォームへの移行を余儀なくされた。皮肉なことに、ほとんどのトレーダーはピットトレードから電子トレードへの移行に失敗した。理由は簡単だ。

ピットトレーダーは怒りや貪欲を感じ取り、ピットでの買いや売りから市場の流れをつかみとることができた。ピットトレーダーにとって、これが出来高、つまりオーダーフローだったのだ。彼らはお金の流れ、市場センチメントを感じ取り、その結果としてトレード機会をつかみとっていたのである。彼らには出来高が「見え」、大きな買い手が市場に参入し、彼らのコートの裾に乗るのを見ることができたのだ。これは今で言うスクリーン上の出来高と同じである。

　しかし、ピットで流れを見て、判断し、感じることができなくなった彼らはスクリーントレードにうまく移行することができなかった。うまく移行できた者もいたが、ほとんどは、値動きが感覚的に分かるものによって支えられていた環境からスクリーンに移行することはできなかった。動き、オーダーフロー、センチメント、「市場のにおい」。何と呼ぶかはともかく、これが彼らに興奮をもたらすものだったのだ。それがなくなった今、彼らは行き場を失ったわけである。

　ピットトレードは今でも存在する。実際に見てみたいのなら、行ってみるとよい。実際のピットトレードを見ると、価格を裏付けるうえで出来高がなぜそれほどパワフルなのかが分かるはずであり、プライスアクションとは何かが違うことに気づくはずだ。

　プライスアクションにはすべてのニュースや世界中のトレーダーや投資家の意見や意思決定が内包され、細かく分析すれば、将来的な市場の方向性を決定づけることができるが、出来高がなければ、その価格分析を裏付けるものは何もない。出来高は私たちが今どこにいるのかを教えてくれ、値動きの測定を可能にし、私たちの分析が正しいかどうかを教えてくれる。これが昔のピットトレーダーたちがやっていたことである。値動きを見て、ピットのオーダーフローからその動きが正しいかどうかを判断し、それに従って行動する。私たちも同じだ。彼らと私たちの違いは、私たちは電子版のオーダーフロー、つまりスクリーン上の出来高を使っているということだけである。

もう1つ例を見てみよう。

　もう一度オークションの例に戻ろう。しかし、今度は物理的なオークション会場はなく、オンラインオークションに参加している。おそらくそこで昔のピットトレーダーが遭遇した問題にぶち当たるはずだ。物理的なオークション会場では、すべての買い手を見ることができ、会場にいる人の数や電話による入札、入札のスピードも見ることができる。また、どの辺りで価格が落ち着くかといったことも感じ取ることができる。価格が彼らの限界に近づくと彼らはおびえて次の入札は躊躇する。短時間だけだが、価格が彼らの限界に近づいていることは十分に感じ取ることができる。ピットトレーダーたちはこれを奪い取られてしまったのである。

　一方、オンラインオークションでは、私たちはログインして、オークションが始まるのを待つ。私たちの欲しい品目が紹介されたので、私たちは入札を開始する。ほかに何人の入札者がいるのかは分からないし、私たちが平等な条件で勝負しているのかも分からない。私たちに分かるのは今付いている価格だけである。競売人は価格を吊り上げることもできる。これは思った以上に多い。競売人たちは熱狂が高まることを望んでいるからだ。これは良いビジネスになる。だから彼らはありとあらゆるトリックを使う。

　オンラインオークションの話に戻ろう。私たちは入札を続け、ついに競り落とすことに成功する。

　でも、私たちは良い価格で競り落としたのだろうか。このシナリオでは、私たちが注意を向けているのは価格だけであって、価値ではない。価格と価値はまったく異なる概念だ。もう分かってきたと思うが、オンラインオークションでは、私たちが見ているものは価格だけなのである。

　実際のオンラインのトレードの「オークション」で、私たちは価格

だけに基づいてトレードの意思決定をしたいと思うだろうか。これについては過去の偉大な伝説的トレーダーたちが答えを出してくれている。答えは、はっきりと、「ノー」である。

これは不完全な例だが、私の言いたいことは分かってくれたのではないだろうか。

私にとって、出来高のない価格チャートはストーリーの一部を語っているにすぎない。もちろん価格はその瞬間瞬間の市場のセンチメントを表しているが、これほど多くの市場で操作が行われていることを考えると、出来高という無料で提供される価値あるツールを無視する法はないだろう。

価格は主要なインディケーターだが、過去に起きたことを教えてくれるだけであり、次に何が起こるのかは分からない。たとえ分析が正しくても、完全な絵を描くのには出来高が必要だ。

操作された市場で、値動きの背後にある真実を暴き出してくれるのが出来高だ。純粋な市場では、出来高は市場センチメントとオーダーフローの背後にある真実を暴き出してくれる。

そこで、価格をもう少し詳しく見てみよう。特にテクノロジーの変化が価格足の4つの基本的な要素——始値、高値、安値、終値——に及ぼした影響に注目しよう。この数年における最も大きな変化は電子取引への移行である。これが4つの要素のうちの2つ——始値と終値——に及ぼした影響は甚大だ。

ネイ以前の時代に戻ると、当時の市場は物理的なやり取りでのみ取引が行われていた。取引所がオープンすると市場もオープンし、取引所が事前に決められた時間にクローズすると市場もクローズする。取引は取引所のフロアで行われ、市場がいつオープンしクローズするのかはだれもが知っていた。このため始値と終値は非常に重要だった。トレーダーや投資家は始値を今や遅しと待ち、クロージングベルが近

づくと、トレーダーたちがその日最後のポジションを手仕舞うので、トレード活動はあわただしさを増した。これは一般に日中取引時間帯（RTH）と呼ばれ、取引所が開いている時間帯だ。世界の株式市場では今でもこれが使われている。例えば、NYSE（ニューヨーク証券取引所）の取引時間帯は9時30分から16時まで、LSE（ロンドン証券取引所）は8時から16時30分までといった具合だ。トレードの世界に革命をもたらしたのは電子取引の導入である。

ゲームを変えた電子取引プラットフォームは1992年にCME（シカゴ商品取引所）が導入したグローベックスだった。このシステムが導入されてから、先物取引は24時間行えるようになった。株式などの現物市場は取引所が決める時間帯に限定されているが、この市場も指数先物の電子取引が導入されてから変わった。指数先物は今では24時間市場である。これが意味するものは、始値と終値は昔ほど重要ではなくなったということである。

グローベックスが導入されてから、現物市場指数のデリバティブである指数先物では電子取引が標準になった。これに伴って、1997年にはES Eミニ（S&P500のミニ取引）が開始され、その後1999年にはNQ Eミニ（ナスダック100のミニ取引）が、2002年にはYM Eミニ（ダウジョーンズ30のミニ取引）が開始された。これらの指数先物は極東とアジアでは夜間に取引されているため、夜間の市場センチメントが朝には分かる。したがって、現物指数の始値に驚くことはなくなった。これに対して、電子取引が導入される以前は、オープニングギャップ（ギャップダウンあるいはギャップアップ）はトレーダーたちにとって市場の意思を知る強力なシグナルだった。今では主要指数の始値は夜間の先物市場によって予想がつくため、驚くことはなくなった。

個別株はいろいろな理由で指数のセンチメントに反応するが、一般にすべての株式は指数が上昇すれば上昇する傾向があり、みんな同じように動く。個別株の始値と終値は今でも重要だが、市場センチメン

トを反映する指数は事前に分かるため、始値は以前ほどは重要ではなくなった。

　終値もそうだ。物理的な取引所が閉まると、その日の現物市場での取引は終了するが、指数先物では電子取引が続き、極東での取引やアジアでの取引が始まる。

　コモディティーでも電子取引が導入され、今ではグローベックスプラットフォームで24時間取引が行われている。通貨先物と通貨現物も24時間市場だ。

　電子取引の影響は価格チャートにも現れている。20年前は、ギャップアップやギャップダウンは日常茶飯事だった。ギャップアップやギャップダウンが発生すると、それはブレイクアウトの強いシグナルになり、それが出来高によって裏付けられるときはなおさらだった。こういった値動きは今ではほとんど見られなくなった。今これが見られるのは株式市場だけであり、翌日物理的な取引所がオープンするとギャップは埋まる。現物のFX市場など、そのほかの市場もほとんどが電子取引になり、これまで見てきたように、指数は夜間先物が先行指数になり、コモディティーやほかの先物も夜間取引が先行指数になる。

　1つの足の始値は一般に前の足の終値とまったく同じで、これでは何も分からない。これは電子取引がチャートの値動きに及ぼすさまざまな影響の1つで、将来的にも続くだろう。電子取引が普及した結果、さまざまな市場における始値や終値の重要性は変わるだろう。

　市場が24時間市場になった今、その週末に市場が閉まるまで、1つの足の始値は前の足の終値と同じだ。プライスアクショントレードの観点からすれば、これは有効な「センチメント」シグナルにはならない。私の愚見では、今日の電子世界では出来高がより一層重要になると思っている。

　ここで、個々の足をもっと詳しく見てみることにしよう。足を作るのは4つの要素、つまり、始値、高値、安値、終値だが、これらの重

要性をVPAの視点から考えてみよう。本書でこのあと使う価格足はローソク足で、私のトレードでもこれを使っている。これはずっと以前にラボスが教えてくれたものだ。

ローソク足をやめて、バーチャートを試してみたことがあるが、結局、ローソク足に戻ってきた。近い将来、これ以外のシステムを使う予定はない。バー、折れ線グラフ、平均足などを使うトレーダーもいるが、私はVPAはローソク足で教わった。VPAはローソク足を一緒に使うことでその本当のパワーを発揮すると思っている。本書を読み終えるころにはあなたも同意してくれるものと期待している。

それでは典型的なローソク足から見てみることにしよう。どんなローソク足にも7つの重要な要素がある。始値、高値、安値、終値、上ヒゲ、下ヒゲ、それに実体だ（**図3.1**を参照）。これらの要素はその時間枠における値動きを定義するうえで重要な役割を持つが、出来高によって裏付けられるとき、最も重要なのが上ヒゲと下ヒゲと実体である。

ローソク足に含まれる値動きを最も簡単に視覚化し、どんな時間枠（ティックチャートから月足チャートまで）でも使えるのは、値動きを正弦波として表す方法だ。買い手と売り手が支配権をめぐってせめぎあうと、市場は上下に振動する。

図3.2に示した図はこの値動きを視覚化したもので、この場合、支配権を握っているのは買い手だ。ローソク足が生成されるとき、値動きはいろいろな経路をたどった可能性があるが、重要なのは完成したローソク足だ。

その取引時間のセンチメントを表すのが実体だ。

始値と終値の間の実体が広いとき、それは、強気（終値が始値を上回る）であれ弱気（終値が始値を下回る）であれ、市場センチメントが強いことを意味する。

逆に、実体が狭いと、それはセンチメントが弱いことを意味する。

図3.1 典型的なローソク足

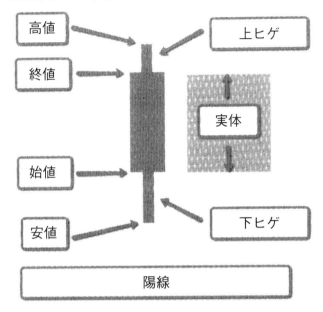

市場がこの先、どの方向に進むかは分からない。上ヒゲと下ヒゲは、始値または終値から安値または高値までの値動きを表す。つまり、その取引時間のセンチメントの変化ということになる。センチメントが取引時間の間、安定していれば、ヒゲは生成されない。価格がある水準からスタートし、売れれば高い水準で終わるというオンラインオークションや物理的なオークションと同じである。上ヒゲも下ヒゲもないローソク足は、トレードでは、そのローソク足の方向に強いセンチメントが続いている（陽線なら上昇、陰線なら下落）ことを意味する。

これがヒゲのパワーだ。実体と一緒に使うと、市場センチメントについて多くのことが分かる。これはプライスアクショントレードの基本を成すもので、多くの情報を提供してくれる。

でも、プライスアクショントレーダーはなぜそこで止まってしまい、

図3.2　正弦波として描いた値動き

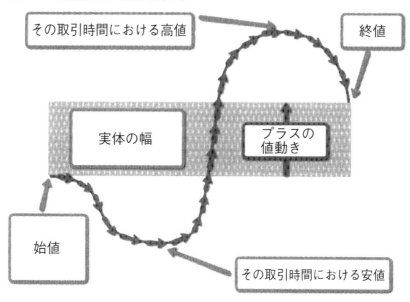

出来高を使って値動きの正しさを証明しようとしないのだろうか。私にはこれが理解できない。本書を読んでいるプライスアクショントレーダーだったら教えてくれるだろうか。もしあなたがプライスアクショントレーダーならその訳をｅメールで教えてほしい。

　これまで見てきて分かるように、ヒゲの長さと、上と下のどちらにあるかはVPAにおいては非常に重要だ。これを説明するために、また別の例を見てみることにしよう。

　最初の例は**図3.3**に示したとおりだ。寄り付いたあと下落し、そのあと始値まで上昇して引けている。したがって、ヒゲは下に付いている。２番目の例は**図3.4**に示したとおりで、寄り付いたあと上昇し、そのあと始値まで下落して引けている。したがって、ヒゲは上に付い

ている。

　値動きと市場センチメントに何が起こっているのかを分析してみよう。どちらのケースも、終値が始値と同じ水準まで戻っているため、これは値動きのプロフィールを表している。この値動きのなかでは、上昇、下落、押しや戻り、反転があったことは確かだが、取引時間のある時点で、価格は安値や高値に達し、スタート地点（始値）に戻っている。

トンボの例

　まずはトンボ（下にヒゲ）の例を見てみよう（**図3.3**）。寄り付いた直後に売り手が現れて価格を押し下げ、買い手を圧倒する。おそらくは、下落途中で小休止したり、一時的に上昇したことはあっただろう。これはトレードの重要な部分で、もっと短い時間枠では見ることができる。しかし、ローソク足生成の前半では売り手が支配権を握っていた。

　しかし、取引時間のある時点で、買い手が市場に戻ってきて、売り手から支配権をもぎとろうとする。今や市場は買い手にとって魅力的なものになった。ローソク足の底に近づくと売り手はギブアップし、今度は買い手が売り手を圧倒する。売り手は追い詰められ、買い手がどんどん市場に参入すると、価格は再び上昇し、最終的には始値と同水準で引ける。

　この値動きは何を物語っているのだろうか。それは2つある。

　1つは、どんな時間枠であろうと、この取引時間内に市場センチメントが完全に反転したということである。なぜなら、ローソク足の前半で強かった売り圧力は後半では完全に圧倒され、吸収されてしまったからである。

　もう1つは、このローソク足の終値におけるセンチメントは強気で

図3.3 トンボの例

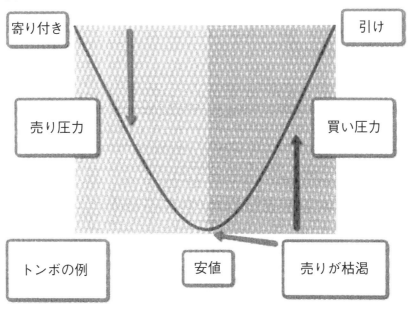

あるということである。終値が始値と同水準で引けているため、当然ながらそうならなければならない。したがって、引けの時点では水面下の買い圧力によって価格は上昇してきているはずである。

これはトレンドの反転を意味するのだろうか。簡単に言ってしまえばノーである。出来高を見るとその理由が分かるはずだ。現時点では、私たちが見ているのは値動きだけである。これは全体像の半分を語っているにすぎない。ポイントは、ヒゲが極めて重要ということである。ヒゲは実体同様、VPAにとって極めて重要だ。このケースでは実体はゼロである。大きな実体も注目に値するが、実体がゼロの場合も重要なのである。

値動きに伴ってローソク足の「内部」で何が起こっているのかがこの例で理解できたと思う。この例は値動きが対称的なので非常にシン

プルな例だが、原理は同じだ。売り圧力と買い圧力の比率が25：75になったり15：85になったりすることもあるかもしれないが、重要なのは、この取引が進行していく過程で、売り手が買い手によって支配権を奪われたということである。

このあと詳しく見ていくが、これは出来高分析のまた別の要素を浮き彫りにする。これまでVPAのことは何回か述べてきた。VPAとは、ローソク足が形成され始めてから形成され終わるまでの間の出来高と価格の関係、つまり、その間に何が起こっているかということである。一方、買いや売りが実際にどこで起こっているのかを教えてくれるのがボリューム・アット・プライス（VAP）である。

VPAはローソク足が形成され終わってからの出来高と価格の「線形関係」に注目するが、VAPはローソク足が形成されている途中の出来高に注目する。つまり、値動きの「どこに」出来高が集中していたかということである。

簡単に言えば、VPAがローソク足の外における出来高と価格の関係の全体像を見るものであるのに対して、VAPはローソク足の「内部」における出来高の特徴を見るものである。この2つによって同じことを2つの視点で見ることが可能になる。これらの視点は互いに補完しあうものであるため、出来高と価格の関係をいろいろな視点で調べることができる。

それでは別の例を見てみよう。今度はトウバ（上にヒゲ）である。

トウバの例

この例では、寄り付いた直後に買い手が支配権を握り、価格を押し上げ、売り手を圧倒する（**図3.4**）。売り手は負けを認めざるを得ない状況だ。しかし、取引が進んでくると、買い手が苦戦を強いられる地点に到達し、上値は抑えられ、売り手がじわじわと支配権を取り戻

図3.4　トウバの例

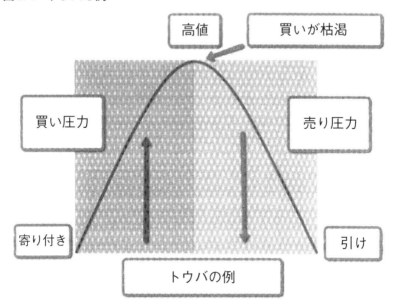

す。

　取引時間内に高値を付けた時点で買い手は勢いを失い始める。そこへ売り手が参入し、買い手は利食いして市場を離れる。売り手の波が次々と押し寄せ、この売り圧力によって価格は押し下げられる。

　結局、寄り付きと同水準で引ける。この値動きからも2つの重要なことが分かる。

　1つは、市場センチメントは完全に反転したということである。今回は強気から弱気に反転している。もう1つは、始値と終値が同水準なので、引けにおけるセンチメントは弱気ということである。

　この値動きも前と同じく定型化されたものだが、この取引時間の間に何が起こったのかが分かる。これはどんな時間枠でも同じである。

　ローソク足はティックチャート上のものである場合もあれば、5分

図3.5 トンボの例

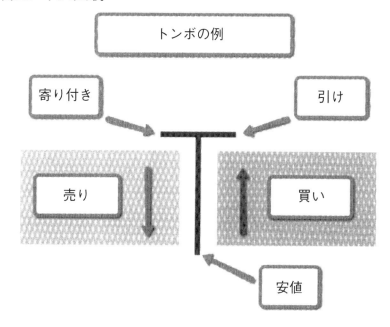

足チャート、日足チャート、あるいは週足チャート上のものである場合もあるだろう。ここで重要な役割を果たすのが時間という概念だ。しかし、このタイプの値動きは、正しい出来高を伴う場合、1分足や5分足チャートよりも、日足チャートや週足チャートのほうがより重要になる。

これについては次のいくつかの章で詳しく説明する。

ところで、この値動きはローソク足ではどのようなものになるのだろうか。

トンボの例（ローソク足）

トンボはあまりエキサイティングな足ではないが、最もパワフルな

図3.6 トウバの例

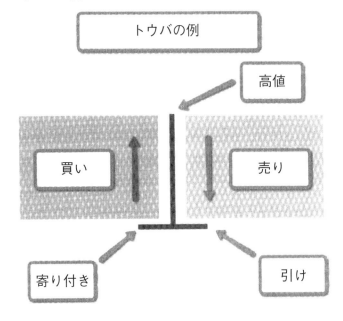

値動きの1つを表している(**図3.5**)。特に、出来高分析が加えられたときはなおさらだ。市場が次にどこに行こうとしているのかを教えてくれるのが、価格と出来高なのである。

トンボと同じくらいパワフルなのがトウバである。

トウバの例(ローソク足)

これは極めて重要な価格パターンで、本書を通じて何回も出てくる(**図3.6**)。

プライスアクショントレードはこれで終了だ。今や買いと売りをローソク足のヒゲの値動きによって見ることができるようになった。しかし、当然ながらこれからは値動きの強さは分からないし、もっと重

要なのは、この値動きが本物であるかどうかも分からない。この値動きは本物なのか偽物なのか。もし本物なら、そのあとに起こる動きの強さは？　プライスアクショントレードがストーリーの半分しか語ってくれないと私が感じるのはこのためである。ストーリーを完成させるのが出来高である。次の第4章では基本理念に沿って出来高を考えてみることにしよう。

第4章
VPA──基本理念
Volume Price Analysis ― First Principle

「(株式投資を継続して学ぶとき)この気まぐれなビジネスのどこで学習曲線が始まろうと、けっして終着点はないように思える」──ジョン・ネフ(1931年〜)

　本章ではいよいよVPA(出来高・価格分析)の基本原理を説明していくが、その前に、このアプローチを使ってトレーダーとして成功するための基本理念を見ておきたいと思う。私はこのテクニックをラボスの教えに基づいて使い始めた。これらの理念は、ラボスの教えに基づいてこのテクニックを使い始めてから16年間にわたって築き上げてきたもので、私が毎日使っているものだ。授業料もかかったし、信じられないような体験もしたが、私をトレードの正しい道に導いてくれたラボスには心から感謝している。本書があなたにとって同じような役割を果たすものになってくれれば幸いだ。
　これらはルールではなく、基本理念である。これは、あなたがこれから学ぼうとしていることの基礎になるものだ。

理念1 ── 科学ではなくアート

　最初の理念は、VPAを使ってチャートの読み方を学習するのはアートであって、科学ではないということである。また、自動化やソフトウェアに任せられるようなテクニックでもない。熟練するまでには時間はかかるかもしれないが、時間と努力を注ぎこむだけの価値のあるものだ。VPAはどんな時間枠のどんな市場にでも適用することが

できる。VPAではソフトウェアは使えない。それは分析の大部分が主観的なものだからである。価格を関連する出来高と比較・分析し、価格が正しいものなのか、あるいは例外なのかを判断するとともに、それまでの出来高のなかでそのときの出来高が強いのか弱いのかを比較する。

ソフトウェアプログラムは意思決定を行ううえで主観性の入るスキはない。だからソフトウェアはVPAではうまくいかない。

もう1つのメリットは、一度このテクニックを習得すれば、一生使えるものになるということである。しかも無料だ。唯一のコストは出来高データをリアルタイムで取得するための費用と、本書を買うためのお金だけである。

理念2 ── 忍耐力

これを理解するのには時間がかかった。しかし、本書を読めば、時間は節約できるはずだ。

金融市場はスーパータンカーに似ている。急に止まって方向転換することはない。市場には常にモメンタムというものがあり、あるローソク足で反転しそうだと思っても、そのローソク足やパターンで反転することはなく、その勢いはしばらくは続く。トレードを始めたころ、トレードシグナルを発見すると興奮して、すぐに仕掛けたものだ。しかし、トレードシグナルが出ても市場ではしばらくは元のトレンドが続き、しばらくたってようやく、市場が方向転換してそのシグナルの正しさが証明された。

各ローソク足で何が起こっているのかを考え、市場の現実をとらえれば、この理由を理解するのは簡単だ。そこでたとえ話を使ってこれを説明しよう。

夏のにわか雨を考えてみよう。日が差していたと思ったら、突然雲

が出てきて、数分後には雨が降り出す。最初はポツリポツリだったのが、やがてどしゃぶりになり、そのあと再び小雨になって雨はやむ。数分後には再び日が差してくる。

　これは価格の反転が起こるときの様子を表している。5～6本の足にわたって売られている下降トレンドを例に取って考えてみよう。市場が買われる気配が現れ始める。売り手は買い手に圧倒される。しかし、すぐに圧倒されるわけではない。市場がさらに下落することを信じてポジションを持ったままの売り手もいる。市場は少し下落するが、じきに上昇し始める。すると、驚いてポジションを手仕舞い始める売り手が増える。そのあと市場は再び下落するが、また上昇し始める。すると、ポジションの手仕舞いを余儀なくされる頑固な売り手はさらに増える。最終的には、売り手の残党はことごとく吸収され、市場は上昇し始める。

　前にも言ったように、市場はいきなり動きを止めて反転するわけではない。買い手や売り手を根こそぎ吸収するまでには時間がかかるのが普通だ。下落や上昇が長く続いたあと横ばいになるのは、このちゃぶつきのためだ。ここで支持線や抵抗線が現れ、このあと市場は反転する。支持線と抵抗線はVPAの重要な要素の1つである。

　ここでの教訓は、シグナルが現れてもすぐにアクションを起こしてはならないということである。シグナルはこれからやってくる変化に対する警告にすぎない。ここでぐっと我慢することが重要だ。にわか雨は急にやむことはない。最初、小雨になって、それからやむ。床に何かをこぼしたとき、吸水性のある紙で拭く。最初の「ひと拭き」でこぼしたものの大部分を拭きとることはできるが、「ふた拭き目」でこぼしたものは完全に拭きとれる。これが市場である。市場はスポンジのようなものだ。買いや売りを完璧に吸収して反転するまでには時間がかかるのだ。

　このたとえ話でポイントは理解できたのではないだろうか。辛抱強

く待つことが重要だ。市場は必ず反転するが、1本のローソク足の1つのシグナルですぐに反転するわけではない。

理念3 ── すべては相対的

　出来高分析は相対的なものだ。これは出来高データを気にするのをやめて初めて分かったことだ。トレードを始めたころ、出来高データのすべてを理解しようと躍起になった。出来高データはどこからやって来たのか。データはどうやって集めたのか。それは正確なのか。それはほかのデータと比べてどうなのか。もっと正確なシグナルを与えてくれるようなもっと良いものはないのかなどなど。私はデータに気をとられすぎていた。データの出所については今でもトレードフォーラムで議論が盛んだ。

　何カ月もかけてデータとバックテストを比較した結果、小さな欠点や違いを気にしても仕方ないということに気づいた。前にも述べたように、トレードやVPAはアートであって、科学ではない。データはブローカーによっても、プラットフォームによっても異なるため、ローソク足パターンが若干違っても当然だ。同じ投資対象の同じ時間枠のチャートを2つのブローカー間で比較すれば、ローソク足はそれぞれに異なる。理由は簡単だ。それは、1本のローソク足の終値はさまざまな要因によって異なるからだ。とりわけ、あなたのコンピューターのクロックスピードや、どこにいるかや、終値が取引時間のいつ付けるかによるところが大きい。

　データがどのように計算され、あなたのスクリーンに届けられるのかはとても複雑だ。データの情報源は異なり、異なる方法で管理されている。現物市場のデータも多種多様だが、現物FXデータになるともっと複雑だ。でもこういったことは大した問題ではない。

　出来高は相対的なものだ。したがって、常に同じデータフィードを

使っているかぎり問題はない。何カ月もデータと格闘した結果、この結論に達した。

出来高の代替品としてのティックデータは90％の正確さしかないというトレーダーには我慢ならない。それがどうしたというのだ。70％あるいは80％の正確さしかないかもしれないが、そんなことは私の知ったことではない。私は「正確さ」には興味はない。私が興味があるのは一貫性だけである。データフィードが一貫したものであるかぎり、それで良いのだ。私が比較するのは私のデータフィードの出来高の足と、私のデータフィードのその前の出来高の足なのだから。他人のデータフィードと比較しているわけではない。正直言って、この一般常識的なことに気づくまでには時間がかかった。

だから、私のように時間をムダにしないでほしい。私たちは１つの出来高の足と別の出来高の足を比較して、その出来高が以前の出来高に比べて多いのか、少ないのか、平均的なのかを判断するので、出来高は相対的なものである。データが不完全なものでもまったく構わない。不完全なデータと不完全なデータを比較しているだけなのだから。

現物のFX市場のティックデータにも同じことが言える。このデータも不完全なものだが、私たちは各足を比較しているだけであって、それが何らかの動きを表していれば、それで良いのだ。私たちが住み、トレードを行う世界は不完全な世界なのだ。シンプルなMT4プラットフォームで無料のティックボリュームデータがあれば事足りる。これは本当だ。私は長年にわたってこれを使い、毎日お金を儲けてきた。しかも、このデータはブローカーから無料で提供されている。

理念４──習うより慣れろ

どんなスキルでもそれを習得するには時間がかかる。しかし、１回習得すれば、一生忘れない。あなたが本書で学ぶトレードテクニック

は、あなたが投機家であれ投資家であれ、どんな時間枠でも同じように機能する。投資家なら、バイ・アンド・ホールドを目指しているはずなので、リチャード・ネイのように日足チャートや週足チャートのような長期チャートを使うだろうし、日中のスキャルパーなら、ティックチャートやもっと高速のチャートを使ってVPAを行うだろう。時間をかけてじっくりやるとよい。このテクニックを学ぶためにあなたが投資した時間と努力に見合うだけのものは得られるはずだ。数週間あるいは数カ月たつと、市場の紆余曲折が突然理解できるようになり、予測できるようになっていることに驚くはずだ。

理念5 ── テクニカル分析

VPAはストーリーの一部にすぎない。全体像をとらえ、正しいことを確信するためにほかのさまざまなテクニックを併用する。特に重要なのは支持線と抵抗線という概念だ。この理由については理念2を参照してもらいたい。抵抗線や支持線は、市場が反転する前に1回停止して「吸収」作戦を実行する場所だ。長期トレンドでは単なる小休止である場合もある。これは出来高分析によって裏付けられる。こうした保ち合い領域からブレイクアウトし、これに出来高が伴えば、それは強力なシグナルになる。

価格パターン分析と同様に重要なのがトレンドだ。これぞまさにテクニカル分析がアートであることを示すものだ。

理念6 ── 裏付けか例外か

VPAを使うとき、私たちが見つけようとするものは2つのことしかない。

価格が出来高によって裏付けられているのか、あるいは例外なのか

図4.1 実体が大きく、出来高を伴う陽線

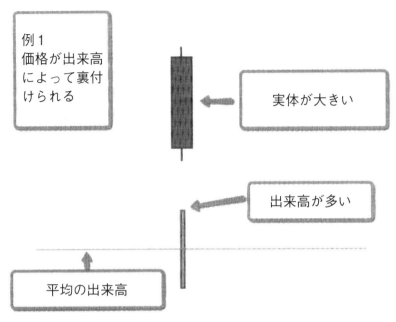

である。価格が出来高によって裏付けられれば、その値動きは続くことが確信できる。これとは逆に、それが例外なら、反転の可能性がある。VPAで私たちが注目するのはこの2点だけである。

裏付けられる動きなのか、例外なのか。これ以外にはない。複数の足と実際のチャートの例に進む前に、1本の足を使って価格が裏付けられる例を見てみることにしよう。

裏付けの例

図4.1の例を見てみよう。この足は実体が大きく、上と下に短いヒゲがある。出来高は平均を上回っている。したがって、価格は出来高によって裏付けられている。

図4.2　実体が小さく、出来高を伴わない陽線

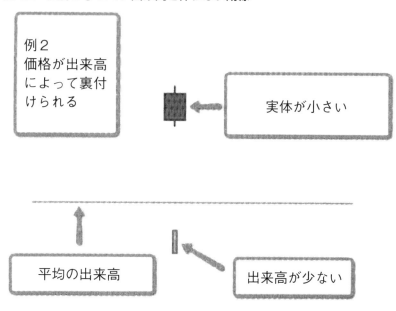

　このケースの場合、市場は上昇トレンドにあり、この取引時間の間に大きく上昇し、高値を少しだけ下回って引けている。これが有効な動きなら、市場を引き上げるための努力が要求されるはずだ。これは出来高に反映されている。

　これはワイコフの3番目の法則である努力と結果の法則だ。市場は上昇するのにも、下落するのにも努力を必要とする。したがって、取引時間の間に大きな値動きがあった場合、この例のように、出来高は平均を上回ることが期待される。この例では、出来高が平均を上回っているので、価格は出来高によって裏付けられたことになる。これから2つのことを想定することができる。第一に、値動きは本物で、マーケットメーカーによって操作されていない、第二に、市場はしばらくは上昇トレンドにあり、例外的なシグナルが発せられるまで、買いポジションはそのまま持ち続けることができる。

図4.2を見てみよう。今度は実体が小さく、出来高の少ない足の例である。このケースの場合、価格は上昇してはいるが、わずかに上昇しているだけであり、そのため実体が小さい。上と下のヒゲも短い。出来高も平均を下回る。そこで問題となるのは、出来高は値動きの裏付けになっているかどうかである。この場合も答えはイエスだ。これもまた努力と結果の法則による。このケースの場合、市場はわずかにしか上昇していない。したがって、出来高も少なくなければならないが、実際にそうなっている。努力と結果の法則が成り立つのであれば、市場をほんの数ポイント上昇させる（結果）のに必要な努力は、わずか（出来高）でよいわけである。したがって、このケースの場合も価格は出来高によって裏付けられていることになる。次は例外の例を見てみよう。

例外の例

図4.3は最初の例外の例である。これは実体の大きい陽線だ。ワイコフの3番目の法則に従えば、結果は努力の量と一致しなければならない。しかし、この例では、小さな努力に対して大きな結果がもたらされているので、これは例外だ。通常なら、実体の大きい陽線なので、出来高も多くなければならないが、この例では出来高は少ない。何かがおかしい。したがって、警鐘が鳴り始める。

問題は、出来高が多いと期待されるべきときに、なぜ出来高が少ないのかということである。これは市場やマーケットメーカーによるワナなのだろうか。その可能性もある。こんなときにパワーを発揮するのが簡単な分析である。ローソク足を見ると、何かがおかしいことは一目瞭然だ。もしこれが本物の値動きなら、買い手による価格の上昇は出来高を伴うはずだ。しかし、出来高は少ない。

買いポジションを持っているときにこれが発生したら、何が起こっ

図4.3　実体が大きいが、出来高を伴わない陽線

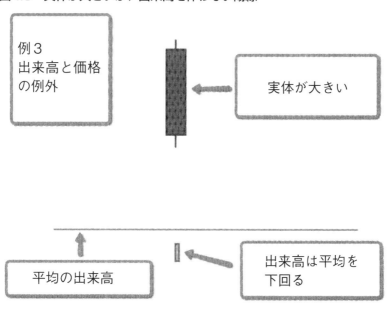

　ているのか調べなければならない。なぜこんな例外が起こるのか。これはワナを示す警告なのか。これは株式市場の寄り付きでよく起こるパターンだ。これは、マーケットメーカーが市場センチメントを「探っている」のである。例えば、これが1分足チャートで起こったとしよう。市場がオープンすると、買い手の関心を試すために価格が吊り上げられる。このケースのように、買い手の関心がほとんどなければ、価格は引き下げられ、再び買い手の関心が試される。

　前にも言ったように、指数先物はグローベックスで夜間も取引されているので、マーケットメーカーは強気のセンチメントか弱気のセンチメントかをいち早く察知することができる。必要なのは、寄り付き時の数分間の価格水準を試すことである。これは主要指数だけではなく、個別株でも行われる。これは出来高で簡単に知ることができる。

プライスアクショントレードがなぜ流行するのか理解できないのはこの点である。出来高がなければ、プライスアクショントレーダーは何も分からないはずだ。彼らは実体が大きい陽線を見て、市場が上昇トレンドにあることを推測するだけである。

これを証明するのは簡単だ。オープニングベルが鳴ったときにいくつかのチャートを見るだけでよい。主要指数と2〜3の個別株のチャートを見る。例外は何回も現れるはずだ。このときマーケットメーカーは買いと売りの関心水準を試しているのだ。そして、朝方発表されるニュースに注目して、その取引時間のトーンを決める。朝のニュースは市場のさらなる操作に使われる。彼らは「重大な危機をけっしてムダにすることはない」（「重大危機をムダにするな」はラーム・エマニュエルの言葉）。彼らが買えば、これは多い出来高となって現れる。

少ない出来高は、マーケットメーカーがこの値動きに参加していないことを示している。このケースの場合、マーケットメーカーは買いと売り水準を試しているだけである。彼らは買い手がこの価格水準で市場に参入するまでは動きには加わらない。

FX市場でも同じシナリオが成り立つ。

ニュースが発表されると、マーケットメーカーはそれを、損切りして市場から撤退する機会と見る。価格はニュースに踊らされて上昇するが、出来高が少ないのはこのためだ。例外の別の例を見てみよう。

これもまたワナを示す明確なシグナルだ。価格の上昇は本物ではなく、偽物の動きだ。これはトレーダーたちに弱いポジションを取らせたあと、損切りに引っかけて、そのあと逆方向に大きく反転させるためのワナである。こんなときにVPAを学習していれば大いに役立つ。出来高と価格を組み合わせれば、市場の動きの背後にある真実を暴きだすことができるのだ。

図4.4は、実体が小さく出来高の多い足の例である。これも例外だ。

図4.2で見たように、価格が少しだけ上昇（結果）するには、出来

図4.4 実体が小さいが、出来高を伴う陽線

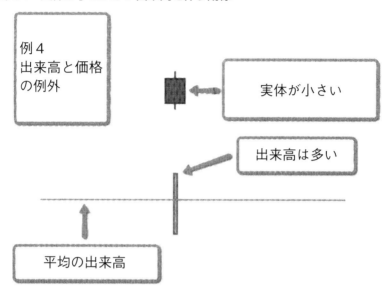

高も少しだけ増加(努力)すればよい。しかし、**図4.4**の場合は違っている。

　価格は少ししか上昇していないのに、出来高は多い。何かがおかしいのは確かだ。一般に、出来高がこれだけ大きいと、出来高によって価格は吊り上げられるため、実体も大きくなるのが普通だが、このケースの場合、出来高は多いが、価格は少ししか上昇していない。

　これから導き出せる結論は1つだけ。つまり、市場が弱まっているということである。これは上昇トレンドの天井または下降トレンドの底でよく見られるパターンである。

　例えば、強気トレンドでは、市場がオープンすると、そのあと市場は若干上昇する。買い手は、しばらく上昇トレンドにあったので、そろそろポジションを手仕舞ったほうがよいと思い、利食いを始める。しかし、これらのポジションが手仕舞いされると、もっと熱心な買い

手が現れる（ほとんどのトレーダーや投資家は市場の天井で買う）。しかし、買い手がポジションを手仕舞いし、利食いし続けるので価格は上がらない。このサイクルはその取引時間の間中繰り返される。

　ここで何が起こっているかというと、新たな買い手が参入するたびに、この水準で売って利食いしている買い手と相殺されるため、市場は努力しても価格が上がらない水準に達したということである。したがって、価格の上昇は持続しない。

　一言で言えば、価格と出来高のこの組み合わせは市場が弱まっていることを示しているのである。出来高を売り出来高と買い出来高で見てみると、買い手が売り手を若干上回る程度だ。したがって、実体は小さくなる。

　これは、徐々に勾配が大きくなる凍った丘を車で上るのに例えることができる。最初は車は丘を上れるが、次第にパワーを上げなければならなくなる。しまいにはパワーを全開にしても、タイヤが氷の上で空回りして、丘を上れなくなり、車は立ち往生する。完璧なたとえではないが、言いたいことは伝わったと思う。私たちは今、エンジンは全開にしているが、丘の途中でタイヤが空回りしてしまい、立ち往生して先には進めない状態だ。次に何が起こるかというと、車は後ろに滑り始め、スピードは加速する。これは前述の値動きで起こっていることと同じである。どんなに努力しても、市場は価格の上昇に抵抗し、売り手が買い手にノックを返す状態に達したということである。

　下落トレンドの場合はこの逆だ。この場合、買い手に吸収されるのは売り手で、市場が勢いを失うと、反転の様相を見せてくる。最後まで売り尽くされれば、実体の大きい陰線が現れる。

　このローソク足と出来高の関係はもっと重大な疑問を提起する。ここでインサイダーとマーケットメーカーの話に戻ろう。

　実体が小さく出来高が多い強気トレンドの例では、「では、ここで売っているのはだれなのか」という疑問がわくはずだ。上昇トレンド

のあと手仕舞っている投資家や投機家なのか、あるいは別のグループなのか。あるいは、インサイダーやマーケットメーカーなのか。一体、だれが売っているのだろうか。投資家やトレーダーは天井の売るべきところで買い、底の買うべきところで売る傾向がある。スペシャリストやマーケットメーカーは市場のこの心理を知り尽くしている。

　このグループは怖がらせれば市場からすぐに撤退することも彼らはよく知っている。一般に、こうしたグループは上昇トレンドになってしばらくたってから遅くに市場に参入する。市場がどんどん上昇して、安全を確信したあとでしか参入しない。そして、もっと早くに参入すればよかったと後悔する。故クリストファー・ブラウンは次のように言った。「株の買い時は売りに出ているときであって、価格が上昇したときではない。上昇すればだれもが欲しがるからだ」。この心理はどんな投資対象にも市場にも当てはまる。「売りに出ている」ときとは、トレンドの底であって、天井ではないのである。

　トレーダーや投資家が恐れるのは「機会を逃す」ことである。トレーダーは待ちに待って、市場が反転しようというときにようやく仕掛ける。手仕舞いを考えなければならないときに仕掛けるのである。インサイダー、スペシャリスト、マーケットメーカー、大口投資家たちは、彼らのこの恐怖を逆手に取るのだ。彼らは有利な立場にあり、市場の両側を見ることができることを忘れてはならない。

　先ほどの疑問に戻ろう。スペシャリストたちは価格を吊り上げてきたが、市場は今その水準で立ち往生している。彼らは在庫をさばくために売りたいと思っているが、売って利食いする長期トレーダーのほうが買い手よりも多いため、価格は上がらない。スペシャリストは売り続けるが、売りに対して買いが少ないため、価格は上がらない。価格を上げようとしても、売り手は増える一方だ。そのあと、今度は買い手が増え、また売り手が増え……を繰り返す。

　ここで起こっていることは売り手と買い手のせめぎ合いだ。市場が

下がる前に、在庫を売ろうとスペシャリストは悪戦苦闘する。しかし、市場は価格の上昇を受け付けない。スペシャリストは準備が整うまで価格を下げることはできない。したがって、バトルは続く。これについては本書でこのあと詳しく説明する。スペシャリストは価格を今の水準に維持して、トレンドに乗って簡単に利益を得ようとするより多くの買い手を引きつけようとするが、売り手は売り続けるため、価格は上昇しない。

　これはあなたのチャートでよく見られる典型的な値動きの1つだ。今まで何回も言ってきたように、これはティックチャートのような速いチャートでも、長い時間枠のチャートでも見ることができる。シグナルは同じだ。これは市場が弱まり、この水準で立ち往生していることを示す警告シグナルだ。したがって、ポジションを持っているのなら早めに利食いするか、トレンドの反転でポジションを取る準備をすべきである。

　さらに、ローソク足はトレンドのどこで現れるかによってその重要性は異なるが、VPAについても同じことが言えることを覚えておこう。

　例外が起こり、実際のチャートを見るときに最初に注目すべきポイントは、私たちがトレンドのどこにいるかである。これは時間枠によって異なるが、これはこのタイプのトレード分析の醍醐味の1つでもある。例えば、5分足チャートではトレンドは1時間か2時間継続する。日足チャートではトレンドは数週間から数カ月続く。したがって、トレンドについて語るときはトレンドの文脈を理解することが重要だ。トレンドは私たちがトレードしている時間枠と関係がある。数日、数週間、数カ月以上にわたるスーパーサイクルのみをトレンドとみなすトレーダーもいる。

　でも、私はこの考えには反対だ。私にとって、1分足チャートのトレンドも、5分足チャートのトレンドも同じように有効だ。これは価格のトレンドであって、長期トレンドにおける押し・戻りかもしれな

いし、長期トレンドへと続くトレンドかもしれない。いずれにしても大差はない。重要なのはこれは価格のトレンドということである。価格がその時間枠で一定の期間同じように動いてきたことを示すもの――それがトレンドである。

　VPAを5分足チャートに適用しても、日足チャートや週足チャートに適用しても、同じように利益の出るローリスクトレードをたくさん生みだす。分析は同じである。

　ここで私が言いたいのは、警鐘を鳴らす例外を見たら、まずはそのときトレンドのどこにいるかを見極めることである。つまり、われわれのいる場所を知るということである。例えば、市場がしばらく売られ続けて底にいたが、大きな反転が始まった、と言った具合だ。

　あるいは、トレンドの途中で下落したり上昇したりする。これは単なる押し・戻りにすぎないのか、あるいは長期トレンドでの反転なのか。トレンドのどこにいるかを判断するのには別の分析ツールが必要になる。これらはVPAを補完するものであり、私たちに必要な別のアプローチを提供してくれるものでもある。

　私たちがトレンドのどこにいるかを判断し、反転しそうかどうかを判断するには、支持線や抵抗線、ローソク足パターン、個々のローソク足、トレンドラインを見る必要がある。これらは私たちがチャート上の値動きのどこにいるのかを教えてくれるものである。いわば、全体を見通す力を与えてくれるものであり、VPAの重要性を判断するうえでの枠組みとなるものだ。

複数のローソク足の例

　ここでは複数の足と出来高にVPAを適用する方法を説明する。価格が出来高によって裏付けられているのか、あるいは例外なのかを判断するという意味では、1つの足の分析とまったく変わりはない。

図4.5　上昇トレンドにおける複数の足による価格の裏付け

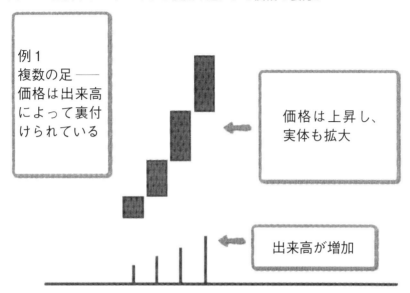

　図4.5の例では、上昇相場で上昇トレンドが発生している。明らかなのは、価格の上昇に伴って、出来高も増加していることである。

　これが私たちが期待することであり、複数の出来高の足は将来的な出来高の足を判断するうえでのベンチマークとなる。

　この値動きをリアルタイムで見ているとすると、1本目に実体が小さく、出来高の少ない陽線が形成される。実体が小さく、出来高も少ないので、これは例外ではない。次に2本目のローソク足が形成され始める。よく見ると、このローソク足の実体は最初のローソク足の実体より大きい。ワイコフの法則によれば、出来高も最初のローソク足より増えるはずであり、このケースではそうなっている。したがって、トレンドは上昇トレンドにあり、いずれの足も価格は出来高によって裏付けられている。

　次に3本目のローソク足が形成される。実体は1本目と2本目のロ

ーソク足より大きい。したがって、ワイコフの３番目の法則によれば出来高も前の出来高よりも多くなるはずだ。このケースではそうなっている。したがって、３本目のローソク足でも価格は出来高によって裏付けられたことになる。しかし、これだけではない。これら３本のローソク足からは価格トレンドが上昇トレンドにあることも確認することができる。

　つまり、３本の足にわたって価格は上昇し、トレンドを形成している。それに伴って出来高も増加し、トレンドの形成は出来高によっても確認できる。努力と結果の法則は１本の足に当てはまるだけでなく、「トレンド」（このケースの場合、３本の足から形成されている）にも当てはまるわけである。したがって、価格がトレンドで上昇すれば、ワイコフの３番目の法則によれば、出来高も増加することが予想される。このケースの場合はそうなっている。

　要するに、努力と結果の法則は個々のローソク足のみならず、ローソク足をまとめて見たときに形成されるトレンドにも当てはまるのである。つまり、２つの水準の裏付け（または例外）が行われるというわけである。

　第一の水準はローソク足そのものの価格と出来高の関係に基づくものであり、第二の水準は、トレンドを形成する複数のローソク足の価格と出来高の関係に基づくものである。ワイコフの２番目の法則である「原因と結果の法則」はいずれにも当てはまる。つまり、効果（トレンドにおける価格の変化）の大きさは、原因（出来高とそれが適用される期間──時間的要素）の大きさに関連付けられるというわけである。

　これはこの簡単な例ではっきりとイメージすることができる。各ローソク足の値動きが出来高によって裏付けられ、全体的な値動きもまた全体的な出来高の動きによって裏付けられている。つまり、価格の上昇＝出来高の増加という図式が成り立つわけである。市場が上昇し、

図4.6　下降トレンドにおける複数の足による価格の裏付け

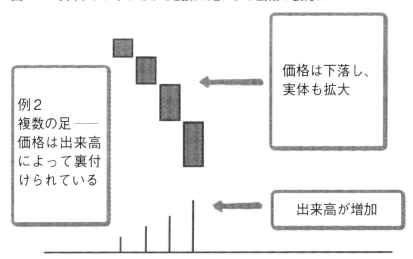

それに伴って出来高も増加すれば、価格の上昇は本物であることが分かる。つまり、スペシャリストとインサイダーが参入しているということである。これが出来高に反映されるのである。

今度は図4.5とは逆の下落しているケースを検証してみよう（図4.6を参照）。

このケースの場合、市場は下落している。新米のVPAトレーダーは混乱するかもしれない。私たちは重力のことはよく知っているし、何かを高く持ち上げるには力（努力）が必要であることも知っている。ロケットを宇宙に打ち上げるときも、ボールを空中に投げるときも、重力に逆らうには力が必要だ。トレーダーの場合、最初の例のように市場が上昇しているときにはこの重力の例はうまく当てはまる。重力を使ったこれらの例がうまくいかないのは、市場が下落しているときだ。市場が下落するのにも努力（出来高）が必要になるからだ。

市場は上昇するときも下落するときも努力を必要とする。これは次

の例を見るとよく分かるはずだ。

　上昇だろうと下落だろうと、スペシャリストが動きに加われば、それは出来高に反映される。彼らが価格の上昇に参加していれば、出来高は増加し、価格の下落に参加していても、出来高は増加する。

　これはワイコフの３番目の法則──努力と結果の法則──であり、価格が上昇していても、下落していてもこの法則は当てはまる。

　図4.6の４本のローソク足を見てみよう。最初の陰線は実体が小さい。それに伴う出来高も少ない。したがって、価格は出来高によって裏付けられている。２本目の足は最初の足よりも実体は大きく、出来高も前の足よりも多くなっている。したがって、この値動きも有効だ。

　３本目の足も予想どおり前の足よりも出来高は多い。最後の足は実体がさらに拡大し、前の３本の足のどれよりも出来高は多い。この場合もまた、各ローソク足の動きが出来高によって裏付けられているだけでなく、４本のローソク足全体の動きも出来高によって裏付けられている。

　ここでもまた２つの水準の裏付けがなされている。まずは各ローソク足と出来高の関係が妥当であることが確認され、次にトレンドが形成されていることも確認できる。

　上の例のいずれにおいても答えの出ていない疑問がある。それは、出来高は買いの出来高なのか売りの出来高なのかということである。これは市場が動いていくたびに「常に」問わなければならない疑問だ。

　図4.5の例１では、市場の上昇に伴って、出来高も増加しているので、価格の妥当性が確認された。したがって、この場合の出来高はすべて買いの出来高でなければならない。もし売りの出来高が少しでもあれば、値動きに反映されるはずだ。

　なぜこの出来高が買いの出来高であることが分かるのかというと、ローソク足にヒゲがないからである。価格は着実に上昇し、出来高も増加し、価格の妥当性を裏付けている。この出来高は買いのみの出来

高であり、この値動きは本物であることが確認できたので、私たちは安心して市場に参加することができる。インサイダーに従って、買えばよい。

しかし、もっと重要なのは、これがローリスクのトレード機会であるということである。つまり、私たちは自信をもって仕掛けることができるということである。私たちは出来高と価格だけに基づいて分析を行った。インディケーターも不要、専門家の助言もいらない。価格と出来高だけあれば事足りる。これはシンプルだが、非常にパワフルで効果的で、市場の真の動きをあぶりだす。市場センチメントも、市場のトリックも、値動きの大きさも白日のもとにさらされるのである。

トレードには2つのリスクがある。1つは金融リスクだ。これは簡単に定量化でき、1％ルールなどの簡単なマネーマネジメントルールを使って管理することが可能だ。もう1つのリスクは定量化が難しい。これはトレードそのものにかかるリスクだ。そこで登場するのがVPAである。VPAはトレードにかかるリスクを定量化することができ、本書で学ぶほかのテクニックを併用すれば、さらにパワフルになり、複数の時間枠を使えばより一層パワフルになる。

VPAを使えばトレーダーとしてさらに大きな自信がつく。あなたのトレードの意思決定は、2つのインディケーター、つまり価格と出来高と、常識とロジックを使ったあなた自身による分析に基づくものだからだ。

図4.6の例2に戻ろう。この場合の出来高は買いの出来高だろうか、それとも売りの出来高だろうか。私たちはこの動きに参加すべきだろうか。

このケースの場合、市場は着実に下落しているが、各足の値動きと全体的な値動きは出来高によって裏付けられている。ローソク足にヒゲはなく、市場は下落して、出来高は増加している。したがって、これは妥当な動きであり、スペシャリストが売っているので、出来高は

図4.7 上昇トレンドにおける複数の足の例外

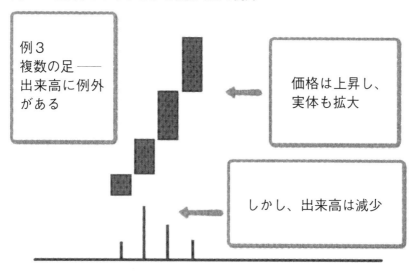

売りの出来高でなければならない。市場センチメントは弱気だ。

これもまた、常識とロジックと価格と出来高との関係に基づくローリスクの仕掛け機会である。

最後に複数の足による例外の例を見てみよう。このあとの例では、VPAを前に述べた2つの水準で見ていくので、例外は2つ以上含まれる。

図4.7は例外の最初の例だ。これは上昇トレンドのように見える。1本目の足は実体の小さい陽線で、出来高も少ない。価格は出来高によって裏付けられているため、これはこれでよい。2本目の足は1本目の足よりも実体が若干大きくなっているが、出来高はかなり増えている。

2本目の足を見ると、例外のように思える。出来高がかなり多いので、実体はもっと大きくなければならないが、前の足よりもわずかに大きくなっているだけである。これは何かがおかしい。

ワイコフの３番目の法則である努力と結果の法則は覚えているだろうか。２本目の足は、努力（出来高）に対して正しい結果（価格）が出ていない。したがってこれは例外で、初期の警告シグナルだ。ここで警鐘が鳴り始める。

　３本目の足は実体の大きい陽線だが、出来高は２本目の足より少ない。実体の大きさを考えると、出来高は２本目の足よりも多くならなければならないはずだ。ここで再び警鐘が鳴る。

　４本目の足は実体の大きい陽線だが、出来高は３本目の足よりも少ない。したがって、２本目、３本目、４本目の足が不合理である。

２本目の足の不合理

　実体はわずかに拡大しているだけなのに、出来高はかなり増加しているのでこれは異常だ。出来高の足の努力の大きさを考えると、市場はもっと上昇してもよいはずだ。これは市場が弱くなっていることを示している。出来高の多さを考えると、終値はもっと高くならなければならない。つまり、これはマーケットメーカーがこの水準で売っているのである。これはインサイダーの動きを表す最初のサインだ。

３本目には２つの不合理

　この足には２つの例外がある。１つは、実体が前の足より拡大しているにもかかわらず、出来高は減少している。これは買い圧力が枯渇していることを示している。もう１つは、市場が上昇しているにもかかわらず、出来高は減少している。市場が上昇すれば、出来高も増加しなければならないはずだ。これは２本目の足の出来高もまた例外であることを明確に示している。

4本目の足にも2つの不合理

　4本目の足にも2つの不合理が含まれている。これはこのトレンドにおける出来高と価格が一致していないことを示すさらなる証拠になる。この足は実体の大きい陽線だが、出来高はこのトレンドにおける2本目と3本目の足よりも減少している。努力と結果の法則によれば、出来高はもっと増加してもよいはずだ。

　もう1つは、出来高の減少はこのトレンドに異常があることを示している。トレンドが上昇すれば、出来高も増加すべきだが、ここではトレンドは上昇しているにもかかわらず出来高は減少している。今や警鐘はより一層大きく鳴り始めた。

　これら4本の足からはどういった結論が導き出されるのだろうか。問題は2本目の足から始まっている。2本目の足では努力（出来高）はするものの、それに見合った結果（値動き）が得られていない。したがってこれは市場が弱まっていることを示す最初のサインとなる。市場はいわゆる「買われ過ぎ」状態にある。そこでマーケットメーカーとスペシャリストたちの悪戦苦闘が始まる。売り手は空売り機会を嗅ぎつけて、市場に参入してくる。そのためこの水準で上値が抑えられる。これは出来高が減少していく3本目の足と4本目の足によって確認できる。

　スペシャリストとマーケットメーカーはこの弱さを見て、この水準で売って価格をさらに下げようとするが、市場がまだ上昇トレンドにあることを印象づけようとして、価格を依然として吊り上げようとしているのだろうか。そうではない。これはトレンドの大きな転換ではなく、一時的な小休止にすぎない可能性がある。しかし、何はともあれ、これは市場の弱さを示す警告であることに間違いない。

　多い出来高は、ポジションを手仕舞いして利食いしようとする売り

手が増えている結果であり、残っている買い手は価格を上昇させるだけの勢いはない。スペシャリストとマーケットマーカーも市場が弱まっていることを知っているので、この水準で売って、出来高に貢献している。彼らは依然として価格を吊り上げてはいるが、動きには関与していない。次の2本の足で出来高が少なくなっているのはこのためだ。彼らは市場から引き揚げ、トレーダーたちに弱いポジションをつかませようとしているのだ。

市場が弱まっている最初のサインは2本目の足である。この弱さは3本目の足と4本目の足によってより一層はっきりする。これは一連の動きとなって現れることが多い。

最初、1本の足を分析して不合理であることを発見する。そして続く足が現れるのを待って、それらの足が最初の不合理を裏付けるものであるかどうかを分析する。このケースの場合、価格は上昇しているのに出来高は減少しているため、不合理を確信することができた。

今、市場は弱まっており、それを確認することができた。そして分析は最終段階に入る。ここではチャートをより広い文脈で分析する。つまり、私たちが見ているものは小さな押しや戻りにすぎないのか、あるいはトレンド転換の前兆なのかである。

ここで登場するのがワイコフの2番目の法則、つまり原因と結果の法則だ。これが単なる押しや戻りなら、原因は小さい。したがって、結果も小さくなるはずだ。

実のところ、私たちがここで見た不合理は、短期的な市場の弱まり、つまり1本の弱い足による押しである可能性が高い。原因が弱いので、結果も弱い。これを詳しく見ていく前に、複数の足による不合理の例をもう1つ見てみよう。

図4.8の例は市場が急落するプライス・ウォーターフォールと呼ばれるものだ。

1本目の足は実体が小さく、出来高も比較的少ないので予想どおり

図4.8　下降トレンドにおける複数の足の例外

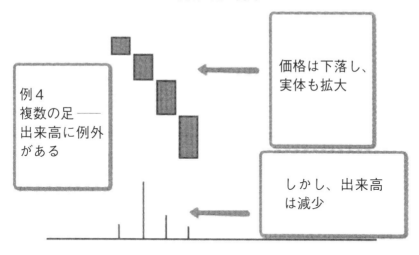

だ。２本目の足から異常が始まる。

２本目の足の不合理

　２本目の足は１本目の足よりも実体が少しだけ拡大しているにもかかわらず、出来高は非常に多い。これは市場が価格の下落に抵抗していることを示している。そうでなければ、出来高の多さに見合うように実体はもっと大きくなるはずだ。でも、このケースではそうなってはいない。したがって、これは不合理だ。前の例と同じように警鐘が鳴り始める。ここで何が起こっているかというと、この水準では売り手と買い手が同じ数だけいるので、弱気センチメントが弱まっているということである。買い手が市場に参入し、マーケットメーカーとスペシャリストはセンチメントの変化を見てとると、この価格水準で買い始める。

3本目の足には2つの不合理

図4.7の例と同じように、3本目の足は2つの不合理を内包している。1つは、実体は比較的大きいが、出来高は平均的というよりもむしろ少ない。もう1つは、出来高が2本目の足よりも少ない点だ。下落相場なので、本当は出来高は多くなければならない。出来高が少なくなっているのは、売り圧力が弱まっていることを示している。これは前の足で予測できる。

4本目の足にも2つの不合理

4本目の足も2つの例外を内包している。1つは、実体が大きい陰線であるにもかかわらず、出来高は少ない。本来であれば出来高は多くなければならない。もう1つは、下落相場で3本の足にわたって出来高が減少している。下落相場では出来高は増加しなければならないのに、減少しているのでこれは不合理だ。

図4.7の例と同様、**図4.8**の1本目の足では価格は出来高によって裏付けられている。しかし、2本目の足で警鐘が鳴り始める。努力（出来高）はしているにもかかわらず、それに見合う結果（値動き）が出ていない。したがって、これは市場が弱まりつつあることを示す最初のサインだ。市場は今「売られ過ぎ」状態にある。ここからマーケットメーカーとスペシャリストの悪戦苦闘が始まる。買い手は買い機会をかぎつけて、市場にどんどん参入している。したがってこの水準では価格の下落に対する抵抗が発生する。これは出来高が減少する3本目の足と4本目の足によってより一層明白になる。

スペシャリストとマーケットメーカーは2本目の足で市場が弱まりつつあることを察知して市場に参入するが、市場が依然として下落相

場にあると見せかけるために価格を下げ続けているのだろうか。そうではない。これはトレンドの大きな転換ではなく、一時的な小休止にすぎない可能性がある。しかし、何はともあれ、市場の強さを示す警告であることは間違いない。

　出来高が増加しているのは、ポジションを手仕舞いして利食いしようとする売り手が増えているためであって、残っている売り手に市場を下げるほどの勢いはない。スペシャリストとマーケットメーカーは、市場が強くなることを察知すると、ここで買って出来高に貢献し、売り圧力を吸収する。彼らは下落相場のなかにいるものの、値動きにはかかわっていない。次の２つの足で出来高が減少しているのはこのためだ。彼らは２本目の足で買って、あとで参入するトレーダーに３本目の足と４本目の足で弱いポジションをつかませるのだ。

　前の例と同じように、最初のシグナルが現れたのは２本目の足で、これは３本目の足と４本目の足によって一層明らかになる。これら２つの例のいずれにおいても、インサイダーは２本目の足で仕掛けている。これは出来高と関連する値動きから分かる。

　これら２つの例では、これがトレンド転換なのか、単なる押しや戻りなのかを知る手掛かりを得るために、さらなるシグナルを待たなければならない。これが長期トレンドにおける小さな押しや戻りなら、これはローリスクのトレード機会を与えてくれるもので、短期のポジションを取ることができる。

　これはワイコフの２番目の法則である原因と結果の法則につながる。

　VPAを使ってトレードの意思決定を行ううえでは、どんなチャートでも分析プロセスは同じだ。このプロセスは複雑に思えるかもしれないが、１回習得すれば、実行するのに数分しかかからない。これは習慣化することが可能だ。私の場合、毎日チャートとにらめっこしながらこの水準に達するのにおよそ６カ月かかった。あなたならもっと早く習得できるかもしれないし、私より時間がかかるかもしれない。

しかし、そんなことは問題ではない。あなたは本書の原理に従うだけでよいのだ。このプロセスは3つのステップに分解することができる。

ステップ1──ミクロ

足が形成されたら、出来高を見て、価格が妥当なものなのか不合理なのかを分析する。同じ時間枠で現在の足と1本前の足とを比較すれば、どれくらいの出来高が少ないのか、平均的なのか、多いのか、非常に多いのかがすぐに分かるようになる。

ステップ2──マクロ

足が形成されたら、前の2～3本の足と比較して、それが小さいトレンドなのか、小さい反転が起こりそうなのかを分析する。

ステップ3──グローバル

チャート全体を分析する。その値動きが長期トレンドのどの辺りにあるのかをとらえる。その値動きは長期トレンドの天井にあるのか、底にあるのか、あるいは真ん中辺りにあるのだろうか。ここで役に立つのが、支持線と抵抗線、トレンドライン、ローソク足パターン、チャートパターンだ。これらについてはあとで詳しく説明する。

つまり、最初は1本の足に注目し、次はそれに続く足に注目し、最後にチャート全体に注目するということである。いわばズームレンズを逆に回すようなものだ。最初は1つの物体に焦点を合わせ、徐々にズームアウトして全体を見る。

これをワイコフの2番目の法則、つまり原因と結果の法則に当ては

めてみよう。ここで重要になるのが時間的要素である。

　本書の序文で述べたように、私がこれまでに犯した典型的な過ちの1つは、シグナルを見ると市場がすぐに反転すると思ったことである。早く仕掛けすぎて、窮地にはまり、そして損切りせざるを得なくなる。市場はオイルタンカーのようなものだ。反転するには時間がかかるのだ。買いや売りがすべて吸収されて、インサイダー、スペシャリスト、マーケットメーカーの準備が整って初めて市場は反転する。彼らは市場が抵抗しないことを確かめてから動くということを忘れてはならない。前出の簡単な例では、4本のローソク足を見てきたが、インサイダーが参入するのは1本の足である。このあと分かってくると思うが、実際にはそれだけではない。しかし、基本的な原理は分かるはずだ。

　したがって、日足チャートではこの「吸収」の段階は何日も、何週間も、場合によっては何カ月も続くことがあり、その間市場は横ばいを続ける。反転シグナルが連続して発生することもあり、市場は反転することは明らかだが、いつ反転するのかは分からない。この保ち合いの期間が長いほど、反転してからのトレンドは長く続く。ワイコフが2番目の法則（原因と結果の法則）で言おうとしていたのはこのことである。原因が大きければ、つまり反転にかかる時間が長ければ、その結果として起こるトレンドは劇的で、長く続くのである。

　VPAは複数の時間枠で使うとパワーを増す。これについて説明しよう。
　前出の4本のローソク足とそれに関連する出来高の足の分析は、3つのステップのうちのステップ2に当たる。これはマクロレベルの分析で、ティックチャートから日足チャートまでどんなチャートでも適用することができる。私たちに分かるのは、この4本の足のいずれかで変化のサインがあることだけである。しかし、私たちが見ているのはたかだか4本の足なので、反転してもトレンドは長く続く可能性は

低い。つまり、マクロレベルでは小さな押しや戻り、あるいは小さな反転しか見ることはできないということである。しかし、ローリスクのトレード機会としては十分に条件を満たしている。

　しかし、グローバルレベルでは、全体的なトレンドを見ることができる。したがって、この4本の足の値動きは、市場が反転の準備をしている間、この水準で何回も繰り返されていることが分かる。つまり、原因は単なる反転よりもはるかに大きいため、もっと大きな結果を見ることができる可能性が高いということである。したがって、辛抱強く待つことが重要になる。しかし、何を待つのか。そこで重要になるのが支持線と抵抗線という概念だ。これについてはあとの章で詳しく説明する。

　ワイコフの2番目の法則（原因と結果の法則）に戻ろう。この原理は複数の時間枠にどのように使われるのだろうか。あなたに教えたいと思っているこの戦略は、私が自分のトレードでも使っている戦略だ。これはMT4（メタトレーダー4）の基本的なチャート、つまり5分足チャート、15分足チャート、30分足チャートに基づくものだ。この3つの時間枠は日中のFXスキャルピング用のもので、トレードは15分足チャートに基づいて仕掛ける。5分足チャートは市場を細かく見るためのもので、30分足チャートは市場を長期的に見るためのものだ。私はトレード教室ではいつも3つのレーンを持つハイウエーのたとえ話を使う。15分足が真ん中のレーンで、そのほかの2つのチャートは市場の「サイドミラー」だ。短い時間枠の5分足チャートは「追い越し車線」で起こっていることを教えてくれ、30分足チャートは「低速車線」で起こっていることを教えてくれる。

　短い時間枠のセンチメントが変わると、それは長い時間枠にも伝わり、やがて長期トレンドが発生する。例えば、5分足チャートで変化が起こると、それは15分足チャートに伝わり、最終的には30分足チャートに伝わり、長期トレンドが発生する。

VPA分析に戻ろう。5分足チャートで例外が発生するとしよう。トレンド転換の可能性があり、やがてそれは本物であることが確認される。このトレンド転換は15分足チャートに伝わる。15分足チャートの分析に基づいてトレードを仕掛ける。このトレンドが最終的に30分足チャートに伝わったとする。トレンドがここまではっきりと認識されるまでには時間がかかる。したがって、そのトレンドは長続きする可能性が高い。したがって、このトレンド転換はより一層はっきりとしたものになる。次に、ぜんまい仕掛けのモデルカーのたとえ話を見てみよう。

　ぜんまいを2～3秒かけて2～3回しか巻かなければ、車は短距離だけ走って止まる。もう少し時間をかけてぜんまいを巻く回数を増やすと、車はもっと長く走る。最後に2～3分かけてぜんまいを最大限まで巻くと、車は最大距離走る。つまり、原因の強さを決めるのに投入する時間と努力は、結果の強さとなって現れるということである。

　これがVPAを複数の時間枠で使ったときの威力である。もちろん、ワイコフの2番目の法則も絡んでくる。このアプローチ（VPAと複数の時間枠）は、速いティックチャートから遅い時間ベースのチャートまで、時間枠のいろいろな組み合わせに適用することができる。あなたが投機家だろうと投資家だろうと何ら変わりはない。

　このアプローチはシンプルで簡単だ。これは池に石を投げたときに広がるさざ波のようなものだ。石が池の真ん中に落ちると、さざ波が外に広がる。これと同じように、短い時間枠から長い時間枠へと市場センチメントがさざ波のように広がる。さざ波が長い時間枠に到達すると、さざ波がそこに行き着くまでには時間がかかったため、長期間影響を与え、トレンドはさらに勢いを増す。ぜんまい仕掛けのモデルカーは、ぜんまいを最大限に巻くと、車の走行距離は長くなる。これは原因と結果の法則を表す完璧な例である。

　このあとの章では、いろいろな市場の実際のチャートを使って、こ

れらの原理を実際の例に当てはめてみることにしよう。

第5章
VPA——チャート全体の分析
Volume Price Analysis : Building The Picture

「過ちは最高の教師だ。人は成功から学ぶことはできない」——モーニッシュ・パブライ(1964年〜。『ダンドー』[パンローリング]の著者)

　第4章では、VPA（出来高・価格分析）の基本的な要素のいくつかと、VPAの3つのステップについて見てきた。ステップ1では個々の足を分析し、ステップ2では何本かの足を1つのグループとして見て分析する。つまり、最初は1本1本の足に注目し、そのあと隣接する足にズームアウトしていくわけである。本章では最後のステップ3について詳しく見ていく。ステップ3ではチャート全体を見る。チャート全体を見ていくには、第4章で学んだ基本的なスキルをフルに活用してほしい。

　チャート全体を見るにあたり、本章では新しい概念をいくつか紹介する。これらを組み合わせれば、VPAはより一層威力を発揮する。また、いろいろなチャート例も紹介する。

　まず、5つの新しい概念を紹介しよう。これらはVPAの中核となる概念だ。

1．アキュミュレーション（買い集め）
2．ディストリビューション（売り抜け）
3．試し
4．売りのクライマックス
5．買いのクライマックス

以前の倉庫のたとえ話に戻ろう。これらの概念を理解するうえでも、私が説明するうえでも、このたとえ話を使うのが最も効果的だ。リチャード・ネイも彼の本でこれらの概念を説明するのにこのたとえ話を使っている。彼は本のなかで次のように言っている。

スペシャリストのやり口を理解するには、スペシャリストは株の在庫を小売価格で売る商人と考えると分かりやすい。在庫を売り尽くしたら、今度はその利益を使って卸売価格で商品を買う。

何年もあとになって、私は『ストック・アンド・コモディティー』誌で彼と同じアンクル・ジョーのたとえ話を使った。

出来高を市場の値動きとの関連で考えるには、卸売価格の例えを使うのが最も簡単だ。簡単にするために、以後はスペシャリスト、マーケットメーカー、大口投資家、プロはインサイダーと呼ぶことにする。インサイダーは株の在庫を持ち、卸売価格で買って、小売価格で売ることでお金を儲けることを目的とする人々である。

私のVPAの理念２でも述べたように、市場が劇的に反転するのには時間がかかることを忘れてはならない。これはワイコフの２番目の法則である原因と結果の法則でも証明されている。市場が長期トレンドのなかで押したり戻したり、あるいは小さく反転したりするとき、小さな上下動が発生するが、トレンドの大きな転換が起こる（「大きな変化」は５分足チャートや日足チャートで起こることもある）には時間がかかる。時間がかかるほど（原因）、変化は大きい（結果）。しかし、これは市場によって異なる。大きく反転するのに何日も、何週間も、場合によっては何カ月もかかる市場もあれば、数日しかかからない市場もある。これについては本書でこのあと説明する。市場は細かく見れば少しずつ違った動きをしている。

しかし、ここで述べる原理はどんな市場にも当てはまる。大きく異

なるのは時間枠とイベントが起こるスピードであり、それは市場の構造や、その市場におけるインサイダーの役割、それぞれの資本市場が投資ビークルや投機ビークルとして果たす役割によるものだ。

まず最初に理解しなければならないのはアキュミュレーションである。

アキュミュレーション

インサイダーが何かをするとき、需要を満たすだけの在庫（株）を事前に必ず確保する。これを特定の商品の広告キャンペーンを立ち上げようとしている卸売業者と考えてみよう。彼らが最も避けたいのは、時間と労力とお金を使ってキャンペーンを立ち上げた揚げ句、数日後には在庫がないことが発覚することである。こうなると最悪だ。インサイダーについても同じことが言える。在庫が不足していることが分かってトラブルに巻き込まれるのだけは避けたいと思っている。これはすべて需要と供給の問題だ。需要を生みだせば、それに見合うだけの供給が必要になる。

彼らはキャンペーンを始める前、どうやって倉庫を満杯にするのだろうか。そこで登場するのがアキュミュレーションだ。実際の倉庫と同様、倉庫を満杯にするには時間がかかる。トラック1台では大きな倉庫を満たすのは不可能だ。倉庫を満たすには数百台のトラックが必要かもしれない。トラックが倉庫に荷物を積み降ろすそばから、商品は倉庫を出て行く。倉庫を満たすのには時間がかかる。金融の世界でも同じことが言える。

アキュミュレーションとは、インサイダーが大きな販売キャンペーンを立ち上げる前に倉庫を満杯にする期間である「蓄積」を定義するのに使われる言葉だ。つまり、アキュミュレーションとは、インサイダーが株を買い集めることを意味する。それは、考えている市場と取

得する株にもよるが、何週間もあるいは何カ月も続くことがある。
　そこで次の疑問だが、インサイダーはどうやって保有者に売るように促すのだろうか。これはとても簡単で、彼らはメディアを使って売るように促す。ニュースメディアにはいろいろな形態があるが、これは彼らにとっては天からの贈り物だ。何世紀にもわたって、彼らはあらゆるニュース報道、あらゆる発言、自然災害、政治的発言、戦争、飢饉、疫病などを操作する方法を学んできた。メディアは貪欲なけだもののようなもので、毎日「新しく」て生々しいニュースを必要とする。インサイダーはこのニュースの流れによって生みだされる絶え間ない恐怖と貪欲を利用して市場を操作しているのだ。理由はいろいろあるが、特に市場参加者を市場から振り落とすのが大きな目的だ。
　1930年代にリチャード・ワイコフはこのことについて次のように書いている。

大口投資家は10ポイントから50ポイント動く見込みがなければ、動くことはない。リバモアはかつて、少なくとも10ポイントの動きがなければ触らない、と言った。市場が重要な動きをするときには、準備に時間がかかるものだ。大口投資家や単独で動いている投資家は、価格が大きく上昇しなければ、1日に2万5000株から10万株といった大きな買いをすることはない。彼らは何日も、何週間も、何カ月もかけて株を買い集めるのだ。

　キャンペーンという言葉ほど適切な言葉はない。販売キャンペーンだろうが軍事キャンペーン（軍事作戦）だろうが、インサイダーは成り行きに任せることはなく、各段階を軍隊の精密さで計画する。各段階を計画したら、メディアを使って売りを促すのだ。では、アキュミュレーションはどのように進められるのだろうか。
　その株や市場にとって悪いニュースが発表される。インサイダーは

その機会をいち早くとらえ、価格を引き下げて大暴落を引き起こす。その一方で、彼らはできるだけ安い価格、つまり卸売価格で株の買い集めを始める。

悪いニュースが市場に吸収されると価格は落ち着き、やがて上昇し始める。これは主としてインサイダーの買いによる。

ここで重要なポイントが2つある。第一に、インサイダーはみんなを過剰に怖がらせることはできない。あまりにも怖がらせると、買う人はいなくなるからだ。スイングが大きく、ボラティリティが高くなれば、投資家やトレーダーはだれも近寄らなくなる。これではこの計画は台無しだ。それぞれの動きは綿密に計画され、株の保有者が売りたいと思うだけのボラティリティを作りだす。第二に、インサイダーによる買いは価格を素早く吊り上げるため、在庫を「管理可能な」量で買うように細心の注意を払う。

あまりに多く買うと、価格は瞬く間に上昇する。アキュミュレーションに時間がかかるのはこのためでもある。価格が少し下がっただけでは倉庫を満杯にすることは不可能だ。倉庫は大きいためこれではうまくいかない。基本的な原理については前章の例を参照してもらいたい。

次に何が起こるかというと、最初の売りの波を乗り切った人は、市場は回復することを信じてポジションを持ち続ける。静かな期間が終わると、悪いニュースがさらに増え、インサイダーは価格を再び引き下げ、トレーダーたちを市場から振り落とす。彼らが再び買うと、価格は上昇し始める。

このプライスアクションが何回か繰り返される。そのたびにインサイダーは株を買い集め、倉庫に入れる。これは最後の保有者があきらめて負けを認めるまで続く。これを価格チャートで見ると次のようになる。

図5.1はアキュミュレーションを示したものだ。インサイダーによ

図5.1　アキュミュレーション

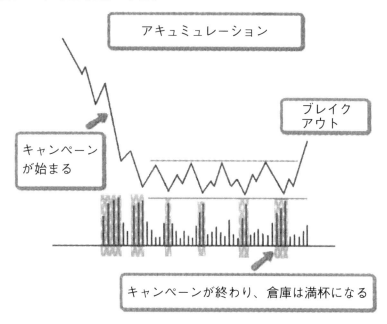

って繰り返される買いはアミで示している。

　価格にも出来高にも目盛りは使っていないが、それは重要なのは価格と出来高の「形」だからである。このプライスアクションによって、どういった時間枠でも見られるような典型的な保ち合いが形成される。このプライスアクションは出来高と関連づけたとき、非常にパワフルな「形」になる。このプライスアクションはVPAによる3次元的な見方を与えてくれるものだ。

　一度キャンペーンが始まると、このプライスアクションは、市場が繰り返し上下動を繰り返す典型的なパターンを形成する。このタイプのプライスアクションは保有者を市場から「ふるい落とす」のに重要だ。これは木から果物を振って落とすのに似ている。イタリアでオリーブを収穫するときのことを想像してもらえばよいだろう。オリーブ

の実をすべて振って落とすには木を何回も揺さぶらなければならない。実のなかには木にしっかりとへばりついて、振って落とすのに苦労するものもある。金融市場でも同じだ。ちゃぶついているにもかかわらず、株の保有者のなかには売りたがらない人もいる。しかし、何回か「ダマシの下落」が発生すると、彼らはしまいにはあきらめて売る。それはちょうどこのキャンペーンが終わり、倉庫が満杯になったインサイダーが価格を吊り上げる準備をするときだ。そして、キャンペーンは終わり、このサイクルは繰り返される。

　これはすべての時間枠で、すべての市場で何回も繰り返される。ワイコフの原因と結果の法則で言えば、上のプライスアクションは長期サイクルの「2番目」の段階に当たる。これについては複数の時間枠のところで詳しく説明する。

　アインシュタインが言うように、すべては相対的である。

　ある株の50年にわたるチャートを見ると、50年のトレンドのなかでは何百というアキュミュレーションが見つかるはずだ。これに対して、通貨ペアのアキュミュレーションは数時間、あるいは数日しか続かない。

　この違いは市場の性質と構造によるものだ。株式市場は、債券市場やコモディティー市場とはまったく異なる。例えば、株式市場の場合、この段階は何日も、何週間も、何カ月も続くことがある。これについては各市場の性質とその内部的影響および外部的影響のところで詳しく説明する。これはVPAトレーダーとしての私たちに微妙な違いを生みだす。

　要するに、プライスアクションと関連する出来高をありのままに見よということである。プライスアクションと出来高には、インサイダーが価格を吊り上げるために市場を操作している姿がそのまま映し出されているのである。それは短期的な小さな動き（原因と結果）かもしれないし、長期的な大きな動きかもしれない。そんなものは幻想に

すぎないと思うのであれば、再びリチャード・ネイの言葉を引用させてもらいたい。これは彼の2冊目の本『ウォール・ストリート・ギャング』から抜粋したものだ。

> 1963年11月22日、ケネディ大統領が暗殺された。この日、スペシャリストはこの悲劇を利用して、株価を卸売価格まで下げた。そして彼らは株を大量に買い集めたあと、店じまいして、フロアを去った。彼らの買いによって、一般大衆の買い注文はその日の安値では執行されなかった。例えば、テレフォンのスペシャリストは11月22日、彼の株を138ドルから130ドルに引き下げたが、25日には140ドルで寄り付いた。これは厳密な数字ではないが、彼はこの操作で2万5000ドル稼いだことを認めた。

どんなニュースも例外なく市場操作の完璧な口実を与える。米国の株式市場で完璧な機会を与えるのは四半期の決算発表だ。経済データも市場操作の温床になり、自然災害は長期的な市場操作に利用される。日中ベースで言えば、政治家やFRB（連邦準備制度理事会）から絶えずコメントが出され、これに日々の経済データが組み合わさって、アキュミュレーションはいとも簡単に行われる。インサイダーにとってこれほどたやすいことはない。正直言って、私たちも同じ立場にあれば、おそらく彼らと同じことをするだろう。

ディストリビューション

ディストリビューションはアキュミュレーションとちょうど逆の関係にある。アキュミュレーションでは、インサイダーは次の操作に向けて倉庫を満杯にする。前にも言ったように、これを表すのにキャンペーンという言葉ほど最適な言葉はない。これは成り行き任せではな

く、軍事行動そのものだ。これについては試しのところで詳しく説明する。

　倉庫が満杯になったところで、次は幾分か神経質になって偏見に満ちた買い手を市場に戻すために価格を吊り上げる必要がある。インサイダーが人々を過剰に怖がらせないのはこのためだ。金の卵を産むガチョウを殺しては元も子もない。

　アキュミュレーションで「木を揺らす」のに使われる感情は恐怖である。損をするのではないかという恐怖である。ディストリビューションで使われる感情も恐怖だが、今度は良いトレードを逃すのではないかという恐怖である。インサイダーは、投資家や投機家は神経質になり、大きく上昇したときに取り残されることを恐れ、できるだけ多くの確認シグナルを待ってから仕掛けることを知っているため、ここではタイミングが重要だ。ほとんどのトレーダーや投資家が天井で買って、底で売るのはこのためだ。

　上昇トレンドの天井では、それまでゆっくりと上昇してきた市場は、最後に勢いをためこんで一気に上昇する。「手っ取り早く儲け」損なうのではないかということを恐れて、トレーダーたちは天井で買う。インサイダーが小休止して反転をもくろんでいるのはまさにこのときである。アキュミュレーションの底でも同じことが発生する。投資家や投機家がもうこれ以上の痛みと不確実性に耐えられないと思うのがここである。それまで市場はじりじりと下がり続け、最後に一気に下落する。これはパニック売りを誘発する。パニック売りが一段落すると、市場は静けさを取り戻し、インサイダーたちのアキュミュレーションが始まる。投資家や投機家は市場が回復するという希望を持ち続けるが、その希望は粉々に打ち砕かれ、再び回復の兆しが見えるものの、また粉々に打ち砕かれる。こうやってインサイダーはトレーダーの恐怖を操作しているのだ。インサイダーが操作しているのは市場ではなく、実は投資家の感情なのであって、こちらのほうがはるかに簡

単なのである。

　ディストリビューションの典型的なパターンはどんなものなのだろうか。それはどのように操作されるのだろうか。

　まず、アキュミュレーションが終わるとそこからブレイクアウトし、平均的な出来高で着実に上昇する。インサイダーは卸売価格で買い、今は少しずつ上昇の勢いをつけて利益を最大化したいと思っているので、急上昇することはない。ディストリビューションはトレンドの天井のできるだけ価格の高いところで実行される。私たちも同じ立場だったら、きっと同じことをやるだろう。

　アキュミュレーションから離れるときには「良いニュース」が出て、下降相場に伴う「悪いニュース」からセンチメントは変わる。

　市場は、小さな押しを伴いながら、最初はゆっくりと上昇する。やがて上昇の勢いは加速し、目標価格領域に達する。ここからディストリビューションが本格的に始まり、インサイダーは在庫を売り始める。良いトレードを逃すかもしれないというトレーダーや投資家の心理につけ込むわけである。市場が上昇している間、良いニュースが絶えず流れる。

　インサイダーは売りつける相手を見つけ、その数はどんどん増えていく。しかし、売り過ぎないように注意する。したがって、価格は狭いレンジ相場になり、下落するたびに多くの買い手をだまし入れる。最後に、倉庫が空になったところでキャンペーンは終了する。**図5.2**はディストリビューションの典型的なプライスアクションと出来高を示したものだ。

　図5.2はディストリビューションの最中、どういうことが起こっているかを示したものだ。この動きを倉庫が満杯になるか空になるかという視点で考えるとよく分かるはずだ。これはとても論理的だ。もし私たちが商品で満杯になった倉庫を持っているとすると、できるだけ高い価格で売りたいと思うはずだ。

図5.2　ディストリビューション

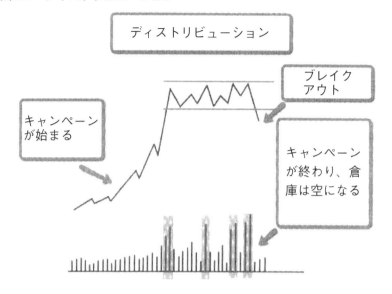

　まず十分な在庫があることを確認し、人々の興味を引くために販売キャンペーンを立ち上げる。次に、販売活動を増強する。有名人、推奨の言葉、PR、メディア、とにかくあらゆるものを駆使して、大々的に宣伝する。最近の誇大広告の代表的な例としては、アサイーベリーが挙げられる（「食べるだけですぐに痩せる！」）。

　これがインサイダーがやっていることの一部始終である。彼らは恐怖と貪欲によって動かされる市場の感情を利用しているのである。十分に恐怖を感じさせれば、一般大衆は売り、十分に貪欲を感じさせれば、一般大衆は買う。これほどシンプルで論理的なものはない。インサイダーは人々を意のままに動かせる究極の武器を持っている。それがメディアだ。

　このアキュミュレーションとディストリビューションのサイクルはすべての時間枠で永遠に繰り返される。大きな動きの場合もあるし、

小さな動きの場合もあるが、アキュミュレーションとディストリビューションは毎日、あらゆる市場で起こっているのである。

供給の試し

　インサイダーが直面する最大の問題点の1つは、キャンペーンを仕掛けるとき、アキュミュレーションのあとですべての売りが吸収されたかどうか確認できないことである。最悪なのは、彼らが価格を吊り上げ始めたとき、売りの波に襲われて、市場が下落し、すべての売り手を市場からふるい落とすという努力が台無しになってしまうことである。インサイダーはこの問題をどう克服するのだろうか。このために彼らが行う行為が、市場の試しである。

　これは倉庫に満杯の商品を売る販売キャンペーンを立ち上げるのと同じである。商品は正しく価格付けされていなければならないだけでなく、市場が受け入れ体勢になければならない。正しい商品が正しく価格付けされているかどうか、正しいメッセージが伝わっているかどうかを販売キャンペーンを使って試すのだ。

　彼らはアキュミュレーションが終わると、市場を吊り上げて、売りを開始するための準備をする。この段階で、彼らは激しく売られた価格領域に戻り、市場の反応を調べ、アキュミュレーションで売りがすべて吸収されたかどうかチェックするための試しを行う。

　図5.3はこれを示したものだ。論理的に考えれば、これはごく当然のことと言えるだろう。

　今はアキュミュレーションのあとの段階で、これ以前はインサイダーは価格を急落させて、人々に売るように脅しをかけていた。これで出来高を伴うパニック売りが発生する。そのあとインサイダーは木に張り付いた「果実」を振り落とし始める。すると価格はこの領域から離れ、ゆっくりと上昇トレンドに向かう。そして、上昇トレンドの天

図5.3 少ない出来高での試し──良いニュース

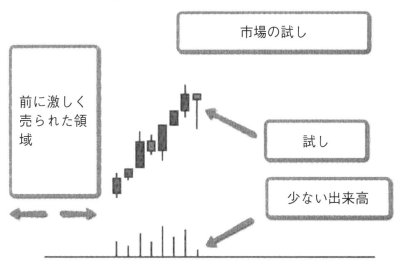

井でディストリビューションが形成される。

インサイダーは価格を直近の激しく売られた領域に戻そうとするが、最悪なのは、売りプレッシャーが戻ってきてキャンペーンが台無しになることである。そこで、インサイダーは上昇相場で市場を試す。これを表したものが**図5.3**である。

市場は下落する。これはおそらくは悪いニュースによるものだ。これによって残っている売り手をすべてふるい落とすことができるかどうかを試す。出来高が少ないままである場合、ほぼすべての売りはアキュミュレーションで吸収されてしまったため、もう売り手はほとんど残っていないことが分かる。もし売り手が残っていれば、平均を上回る出来高を伴って、ローソク足は下げて引けるはずだ。この例では出来高は少ない。インサイダーは「良いニュース」でローソク足を始値まで上昇させ、そのあとそのまま上昇させる。

こうしたいわゆる「少ない出来高」を伴う試しはどんな時間枠でも、

どんな市場でも発生する。インサイダーはこうして市場の供給バランスを測る。彼らはここで需要を生みだそうとするが、市場に供給が過剰にあれば、これでブルキャンペーンは中止になる。

このケースの場合、試しはうまくいき、売りプレッシャーがすべて吸収されたことを確認することができた。ローソク足のフォーメーションは厳密である必要はなく、陽線でも陰線でも構わないが、実体は小さく、下ヒゲが長くなければならない。

試しが成功し、売りがすべて吸収されたことが確認できたので、インサイダーはようやく目標のディストリビューション・レベルまで市場を上昇させることができる。

しかし、試しが失敗し、出来高が多い場合はどうなるのだろうか。これは問題だ。市場がアキュミュレーションを離れ、価格を下落させて試しの最初のパートを実行するとき、これが発生すれば、売り手が大挙して戻ってきたことを意味し、価格は下落する。

この場合、売り手はアキュミュレーションでは吸収しきれず、価格を上昇させようという試みは失敗する。

試しの失敗が意味するものは1つだけ。インサイダーはもう1回素早く市場を下げ、これらの売り手をふるい落とさなければならないということである。市場はこれ以上上昇する気配はない。インサイダーはキャンペーンを再開する前にやるべきことがたくさんある。これは広告キャンペーンで試しに失敗したのと同じである。おそらく、商品が適正に価格付けされていなかったり、メッセージが正確に伝わっていなかったりしたのだろう。いずれにしても、この試しの失敗は、何かがうまくいっていないことを示している。インサイダーにとっては、これは売り手が市場に多く居すぎていることを意味する。

売り手を吸収するための作戦は最初からやり直しだ。インサイダーはキャンペーンを再びやり直し、市場が上昇し始めたら供給を再び試すことになる。試しが失敗すると、インサイダーは市場を再び保ち合

図5.4　多い出来高での試し——悪いニュース

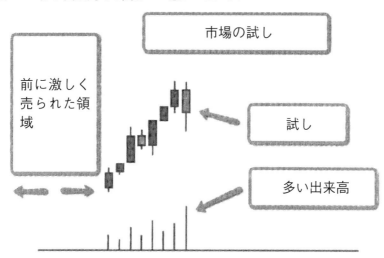

い領域に戻し、売り圧力を一掃し、再びブレイクアウトさせて、再び市場を試す。少ない出来高を伴う試しが成功すれば、売り圧力が一掃されたことを確認することができる。

　試しはインサイダーがあらゆる市場で使う重要なツールの1つだ。VPAのほかの要素と同じように、これは簡単なロジックに基づく簡単な概念だ。アキュミュレーションの概念とチャートの構造を理解すれば、試しはあらゆる時間枠で、あらゆる市場で行われることが分かるはずだ。これは最もパワフルなシグナルの1つだ。市場がブレイクアウトして上昇するというインサイダーからの明確なメッセージなのである。

　図5.4の例では、インサイダーはアキュミュレーションのあとで、残存する売り圧力、つまり「供給」を試している。彼らは倉庫が満杯であることを確認し、キャンペーンに打って出る。最後のステップが、この価格水準での売りがすべて吸収されたかどうかをチェックするこ

とである。このケースの場合、吸収されないで残っている売りがまだある。したがって、このあとも試しは繰り返され、少ない出来高を伴う試しが成功すれば、市場は上昇し始める。

需要の試し

ディストリビューションが終了すると、今度は逆のことが起こる。インサイダーにとって最も望ましくないことは、倉庫を満杯にするためにキャンペーンを開始し、需要（買い圧力）が高かった領域にまで価格を戻すが、買い手が市場を逆方向に動かしてしまうことである。

彼らは今度はディストリビューションですべての買い圧力（需要）が吸収されたかどうかをチェックするために市場を試す。

このケースでは、ディストリビューションキャンペーンはしばらく続いている。インサイダーは卸売価格から彼らの目標とする小売価格まで価格を上昇させ、好材料の波に乗って売る。投資家も投機家も、黄金の機会を逃すまいと欲にかられてこの波に飛びついて買う。インサイダーはちゃぶつかせることでさらなる需要を引き込み、倉庫の在庫を売り尽くす。

キャンペーンが終わると、今度は下落させる。下落トレンドが形成され始めると、価格は出来高を伴って買われた領域へと戻る。ここで試しが行われる。今度は、需要の試しである。出来高が少なければ、すべての買いは吸収されたことを意味する（**図5.5**参照）。

ここでディストリビューションが終了する。倉庫は空っぽだ。このあと価格は急落し、再びアキュミュレーションになる。

ディストリビューションが終了すると、この価格領域に需要が残っていないかどうかを確認する。この領域はつい最近まで激しい買いが行われた領域だ。そのために、彼らは市場を再び試す。市場は良いニュースによって上昇している。需要が残っていなければ、始値と同水

図5.5　少ない出来高での試し——良いニュース

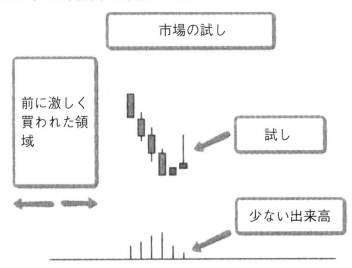

準で引け、出来高は少ないはずだ。彼らが確認したいのはこれである。少ない出来高からも分かるように、もはや需要は残っていない。彼らはこれを確認すると、倉庫を再び満杯にしなければならないので、価格を素早く下落させる。

　図5.6は彼らがディストリビューションの価格領域を離れるときに見たくないものだ。市場が上昇し、買い手は、上昇トレンドが続き価格はもっと上昇すると思って押し寄せる。前と同様、試しの失敗はキャンペーンを途中で頓挫させ、インサイダーは再びディストリビューションの価格領域に戻って、前と同じ手段を使って買い手を一掃しなければならない。これが終わると、再び市場を試す。少ない出来高での試しが成功すると、下降トレンドは勢いを増し、価格はディストリビューション領域から素早く離れていく。トレーダーたちはこの水準で弱いポジションをつかまされる。

　アキュミュレーションやディストリビューションが発生すると、そ

図5.6　多い出来高での試し――悪いニュース

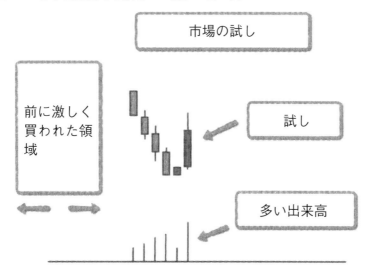

のあとで必ず市場が試されることが分かったはずだ。試しは連続的に行われることもある。最初の試しは出来高が少なく、2番目、3番目の試しでは出来高はさらに少なくなる。これはインサイダーがキャンペーンの次の段階の準備をしていることを意味する。価格がこれら2つの段階の間に形成された保ち合いからブレイクアウトすると、次のステージに入ったことになる。

　売りのクライマックスと買いのクライマックスに進む前に、トレーダーや投資家を困惑させる疑問について見ておこう。

疑問1　市場はなぜ下落するときよりも上昇するときのほうが時間がかかるのだろうか。これはインサイダーと関係があるのだろうか。
疑問2　倉庫を満杯にして空にするというサイクルは通常どれくらいの頻度で繰り返されるのか。

まず疑問1から。これは疑問2と関係がある。インサイダーの目的は2つだけだ。まず私たちを怖がらせること、そして次に私たちを貪欲にすること。私たちが常に間違ったときに間違ったことをするように感情的な反応を作りだすことが彼らの目的なのだ。しかし、彼らは常に正しいときに正しいことをする。

故ジョン・テンプルトンはかつて次のように言った。

株式分析の偉大なパイオニアであるベンジャミン・グレアムの言葉に注目せよ ── 専門家を含め、人々が悲観的なときに買い、楽観的になったら売れ。

これを論理的に考えてみよう。すると最初の疑問に対する答えはおのずと分かるはずだ。投資家やトレーダーのパニック売りによって市場が急落すると、そのあと市場は静けさを取り戻して横ばいになる。これがアキュミュレーションだ。アキュミュレーションで倉庫は満杯になり、上昇に向けての準備が整う。

これまでインサイダーは人々を死ぬほど怖がらせてきた。ここでは彼らは市場を急上昇させたくない。市場が急上昇すれば、投資家や投機家は市場から逃げ出してしまうからだ。トレーダーたちを感情的にさせて、金の卵を産むガチョウを殺してしまっては元も子もない。ここでは冷静になることが重要だ。彼らの戦略は、投資家やトレーダーに自信を取り戻させ、価格を徐々に吊り上げていくことである。人々を怖がらせて市場から追い払うようなことはしない。こうして買い手を徐々に市場に呼び戻すのである。

市場が回復し、トレーダーたちが自信を徐々に取り戻すと、パニック売りのことは忘れ去られてしまう。インサイダーの倉庫は今満杯状態だ。市場を上昇させている間は買い手が市場に大量に押し寄せては困る。ここでの目的は利益を最大にすることである。価格がディスト

リビューションの目標価格、つまり小売価格に達すると、彼らの利益は最大化する。投資家たちが動きを逃したと感じ、あとで市場に参入してこなくなると困るので、彼らは価格を一気に小売価格まで上昇させることはない。

彼らの戦略は、市場を徐々に吊り上げて、投資家たちに自信を持たせ、そのあと徐々に上昇スピードを上げて、投資家や投機家たちに市場が勢いづいていると信じさせ、その機会を逃すまいとさせることである。

市場は上昇スピードを上げ始める。段階的に上昇し、小休止しては少しだけ反転しを繰り返し、買い手を引き付ける。ディストリビューション領域に近づくまで市場は徐々に上昇し続ける。買い手たちは機会を逃してはならないという感情のプレッシャーに負けて、飛びつく。

市場が上昇している間、インサイダーの在庫は徐々に減るが、売り手が利食いすると小さく反転して、再び倉庫は満杯になる。こうしてキャンペーンの最終段階に向けて在庫水準は維持される。

インサイダーはこの感情の波を知り尽くしている。市場が高値や安値を更新しながら、小休止と小さな反転を繰り返しながら上昇していくのはこのためだ。恐怖のあと、自信を取り戻させ、今度は恐怖を別の感情、つまり貪欲と差し替える。これが彼らの戦略なのだ。インサイダーは２つのてこを持ち、それを最大限に利用する。これに立ち向かうために私たちに残された武器がVPAなのである。

そして、貪欲のあと、再び恐怖がやって来る。

インサイダーの倉庫が空になると、価格を「底」まで突き落として倉庫を素早く満杯にしなければならない。私たちも彼らと同じ立場だったら同じことをするはずだ。

インサイダーの倉庫は今空っぽだ。お金を素早く稼ぐには、倉庫を再び満杯にして、再びキャンペーンを始めなければならない。市場を暴落させ、パニック売りを誘発し、恐怖の引き金が引かれると、倉庫

は再び満杯になる。こうしてこのサイクルは永遠に繰り返される。最も良いたとえ話は、移動遊園地で昔からよく見られるぐるぐる滑り台だ。頂上にたどり着くには階段を登らなければならないため時間がかかるが、下りはマットを滑り降りるだけなのであっという間だ。市場もこれと同じである。上昇するときは階段、下落するときはエレベーターだ。欧米で古くから親しまれている「蛇と梯子」というボードゲームがあるが、これはこの現象をよく表している。コマが梯子の一方の端に止まれば、梯子のもう一方の端まで進むことができるが、コマが止まったところが蛇の一方の端だった場合は、コマを蛇のもう一方の端まで戻さなければならない。

だんだんと分かってきたのではないだろうか。市場をこのように考えれば、インサイダー以外の人はどうやってお金を儲ければよいのかが分かるはずだ。インサイダーは市場のボラティリティに注意する必要がある。ボラティリティが高ければ、トレーダーや投資家はどこかほかの場所に機会を求めるからだ。

ゴルディロックスが見つけたスープのように、重要なのは「熱すぎず冷たすぎもしないちょうど良い温かさ」にすることである。インサイダーは何十年にもわたってスキルを磨いてきた。ほとんどの投資家や投機家が損をする。あなたは本書を読み終えるころには、VPAエキスパートになって、彼らのトリックをすべて見破ることができるのだから、これほどラッキーなことはない。彼らの動きは私たちには筒抜けだ。私たちがやるべきことは、彼らの発するシグナルを解釈して、インサイダーに従うことである。これほど簡単なことはない。

それでは疑問2に進もう。このサイクルはどれくらいの頻度で繰り返されるのか。これははるか昔にHMSプレジデントのさびついた船室でマーケットメーカーや彼らのトリックを学んでいたとき、アルバート・ラボスに聞きたかったことだ。私はこの疑問を紙に書いて、クラスの隣の人に聞いたが、彼も答えることはできなかった。

そのとき私はこう思った。アキュミュレーションやディストリビューションについてはよく理解していた。当時、私たちは指数に注目していた。これは基本的に長期サイクルだ。それで私が思ったのは、サイクルが10年、15年、あるいは20年と長ければ、マーケットメーカーが彼ら（あるいは彼女ら）の買いや売りから利益を得るのには時間がかかるということだ。これはちょっと長すぎはしないか。1つの大暴落から次の大暴落までにはかなりの時間がかかる。おそらくは何十年も。そのときはあえてこの質問はしなかった。でも、質問していればよかったと思っている。

　この疑問に対する答えは、これらのサイクルはティックチャートから1分足チャート、15分足チャート、1時間足チャート、日足チャート、週足チャート、月足チャートまで、あらゆる時間枠で発生するということである。これはマトリョーシカを考えるとよく分かる。

　マトリョーシカは、少し大きな人形のなかに小さな人形が入っていて、そのなかにまた小さな人形が入っていて、といった具合に、人形のなかからまた人形が出てくる入れ子構造になっているロシアの木製の人形だ。この人形と同じように、チャートにも同じことが言える。1分足チャートのアキュミュレーションとディストリビューションのサイクルは数時間続き、少し長い時間枠の大きなサイクルの一部になる。そして、そのサイクルはさらに大きな時間枠のサイクルの一部になるといった具合だ。この概念を理解することは重要だ。なぜなら、これは市場の振る舞いの2つの重要な側面を教えてくれるからだ。

　1つは、これらのサイクルはすべての時間枠で発生するということ、そしてもう1つは、複数の時間枠で値動きを観察すると、これらのサイクルは1つの時間枠から次の時間枠へと発展し、互いに裏付け合う。1分足チャートですでに始まっているサイクルはやがて5分足チャートに現れ、次には15分足チャートにも現れる。

　リチャード・ネイの言葉を再び紹介しよう。彼の『ウォール・スト

リート・ギャング』はトレーダーや投資家なら一度は目を通すべき本だ。この本には豊富な情報がいっぱいで、出来高と価格について大局的な物の見方を教えてくれるだけでなく、スペシャリストがどのように市場を操作しているかといったことも教えてくれる。この本は主として株式に焦点を当てているが、原理はどんな市場にも当てはまる。株式市場を操作するのはスペシャリスト、インサイダー、マーケットメーカーで、先物市場は大口投資家、現物のFX市場を操作するのもマーケットメーカーだ。

彼は時間枠について次のように言った。

> スペシャリストの目的は、短期、中期、長期に分類することができる。したがって、市場の値動きも大きく短期、中期、長期に分けられる。

彼はさらに次のように続ける。

> 短期トレンド。これは2日から2カ月続く。このトレンドのなかには、数時間しか続かないさらに短期のトレンドがある。短期トレンドで重要なのは、スペシャリストは日々の在庫問題を中・長期の目標も常に視野に入れながら解決するということである。短期トレンドは、スペシャリストが投資家のための中・長期の墓を掘る鋤（すき）のようなものだ。

> ティッカーテープは、スペシャリストが自分たちの在庫にとって有利になるように、天井で大量のディストリビューションを行い、底で大量のアキュミュレーションを行うテクニックのミクロな見方を提供してくれるものだ。

テープが流れているときにそれを振り返って長期トレンドを判断するのは不可能だ。テープを理解して、その伝達コードを解読できるのは、経験が記憶を通じて、あるいはチャートを通じて形成されるときだけである。言ってみれば、短期チャートと長期チャートは、何が起こったのかをミクロな視点とマクロな視点で見るための手段を与えてくれるのである。最終的な分析を行うとき、合理的な意思決定をするためにはこれらの両方が必要になる。

　彼の本からこれらの言葉を引いたのは、本章で私が言いたいことがこれらの言葉でうまく言い表されているからである。

　本書が出版されたのは1974年で、当時はまだティッカーテープが使われていたが、今ではティッカーテープは時間スケールが短縮された電子チャートに置き換えられた。しかし、概念や原理は同じだ。私たちは市場のミクロな動きを見るのには短期や超短期の時間枠を使い、出来高と価格の関係を大局的に見るのにはもっと長期の時間枠を使う。

　これらはすべて相対的だ。したがって、スキャルパーの使うチャートは5分足チャート、15分足チャート、60分足チャート、スイングトレーダーの使うチャートは60分足チャート、240分足チャート、日足チャート、トレンドトレーダーの使うチャートは4時間足チャート、日足チャート、週足チャートといった具合になる。

　用いるトレーディング戦略がどうであれ、トレードする市場が株式、コモディティー、債券、FXであれ、トレーダーや投資家として成功するには、VPAの関係を複数の時間枠で読み解くことが重要になる。もちろん1つのチャートでもVPAはパワフルだが、もっと長期の時間枠を組み合わせれば、3次元のアプローチが可能になる。

　1つのチャートだけに焦点を当てることは間違いではないが、3つのレーンを持つハイウエーのたとえ話を思い出してもらいたい。私たちは真ん中のレーンにいて、サイドミラーで両隣のレーンを見れば、

追い越し車線と低速車線の両方を見ることができる。これは自信を与えてくれる。自信は学習するときも重要だが、実際にトレードをするときにはもっと重要だ。

本章を締めくくるに当たって、インサイダーの振る舞いについての最後の2つの概念——売りのクライマックスと買いのクライマックス——について見ていきたいと思う。

売りのクライマックス

本書で前にも述べたように、売りのクライマックスと買いのクライマックスについては混同しやすい。これまでこれについて書いてきた人々は個人的な視点で書いてきた。つまり、私たちはいつ買い、いつ売ればよいのかということである。しかし、インサイダーの視点で言えば、彼らが私たちに何をやらせたいのかということことになる。彼らの唯一の目的は、私たちにディストリビューションで買わせ、アキュミュレーションで売らせることである。

これらの段階では「だれが何をしている」のだろうか。アキュミュレーションでは「一般大衆」が売って、インサイダーは買う。逆に、ディストリビューションでは「一般大衆」が買って、インサイダーは売る。

本書はインサイダー、スペシャリスト、大口投資家、マーケットメーカーの視点で書かれたものであり、私と同じように、願わくば、あなたにも彼らに従ってもらいたい。ラボスがよく言っていたように、彼らが買うときに私たちも買い、彼らが売るときに私たちも売ればよいのである。実にシンプルだ。本書が言いたいことはまさにそれに尽きる。

売りのクライマックスは、ディストリビューションでインサイダーが売っているときに発生し、買いのクライマックスはアキュミュレー

ションでインサイダーが買っているときに発生する。これは意味論の問題かもしれないが、非常に重要なことであり、逆の意味に取っている人も多いので、ここはっきりさせておきたい。売りのクライマックスは上昇トレンドの天井で発生し、買いのクライマックスは下降トレンドの底で発生する。私たちが取るべき行動はインサイダーのアクションであって、一般大衆のアクションではない。

売りのクライマックスは、インサイダーが市場を下落させる前の「最後の雄たけび」だ。これは彼らの努力が絶頂に達するときだ。このとき彼らの倉庫はほとんど空っぽで、市場を押し上げるために最後にもうひと働きするときである。これは、飛びつく機会を今や遅しと神経質に待っていたトレーダーや投機家を引き付ける。彼らは大きな機会を逃すのではないかという恐怖に耐えきれずに買う。

ディストリビューションの終わりに市場が出来高を伴って始値付近で引けることが2～3回発生する。これが売りのクライマックスだ。売りのクライマックスのあと、市場は一気に下落する。買い手はこの価格水準でワナにはまる。価格はぐるぐる滑り台を滑り落ちるように下落していく。そして、プロセスは再び始まる。

ディストリビューションの終わりで売りのクライマックスが発生するときの典型例を見てみよう。これはイベントの最後に打ち上げられる花火のようなものだ。

図5.7は売りのクライマックスを示したものだ。インサイダーは価格を彼らの目標水準に押し上げ、そこで市場が上昇し続けることを信じて疑わないおめでたい買い手に在庫を小売価格で売りつけるのだ。

インサイダーは需要に応えて売ることで、投資家たちの願いをかなえてあげているという気持ちだ。彼らは市場を一度下げたあと、再び上昇させて、さらなる需要を引き込む。これは彼らが在庫を売り尽くすまで続く。

この段階では市場のボラティリティは増す。上昇したかと思えば、

図5.7 売りのクライマックス——イベントの最後に打ち上げられる花火

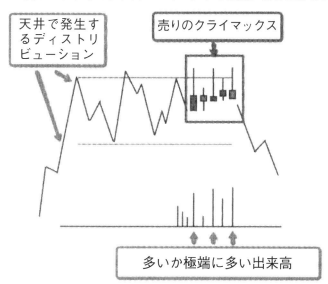

始値付近で引けるといったことを繰り返す。買い手は、上昇トレンドの次のレッグを逃すまいと、大挙して市場に押し寄せる。したがって、出来高は増加する。次のレッグが逆方向の動きであることも知らずに……。

在庫が売り尽くされると、市場はディストリビューションを離れて下落する。彼らのトリックを解くための鍵が実はここにある。

売りのクライマックスでは、実体が小さく、上ヒゲが長いローソク足が現れ、出来高を伴っている。価格と出来高のこれ以上パワフルな組み合わせはない。これについては詳しくは本書でこのあと説明する。

これは第3章で見た「上ヒゲ」を持つローソク足だ。そこでも説明したように、これらのローソク足は非常にパワフルで、多くのことを教えてくれる。出来高と組み合わせればより一層パワフルだ。インサイダーは在庫を一掃するために最後の一働きをし、その日の最初のほ

うで価格を上昇させる。すると、機会を逃すまいと買い手がドッと押し寄せるため、価格はさらに上昇する。それに伴って、出来高も増大する。そのあとインサイダーは価格を下げて、これらのトレーダーに弱いポジションをつかませる。彼らの利食いによって価格はさらに下がる。このとき、市場が「買われ過ぎ」であることに気づくトレーダーもいる。

インサイダーが需要に応えて売るたびに価格は上昇する。そのあと、利食いによってローソク足は始値付近か下げて引ける。この値動きが何回か繰り返される。

ローソク足が陽線か陰線かは重要ではない。重要なのは、ヒゲの長さと、この値動きが繰り返されることと、それが出来高を伴うことである。これは、市場が素早く動くことを伝えるシグナルだ。倉庫がほとんど空っぽになると、彼らの反応は速い。インサイダーはぐるぐる滑り台のマットを滑り降りて、「出発点」に戻る。そして、アキュミュレーションからこのプロセスは繰り返される。ディストリビューションのあとこの値動きを見たら、スクリーンの前に座って、待つことである。

買いのクライマックス

次は、売りのクライマックスの逆である買いのクライマックスを見てみることにしよう。これはアキュミュレーションの終わりに打ち上げられる花火で、このあと上昇トレンドが始まることを教えてくれるものだ。

買いのクライマックスは売りのクライマックスを単に逆にしたものだ。インサイダーが価格を引き下げ、パニック売りを誘い、恐怖におののいた売り手はポジションを手仕舞いする（**図5.8**を参照）。

こうしてインサイダーはアキュミュレーションに入り、倉庫を再び

図5.8　買いのクライマックス——イベントの最後に打ち上げられる花火

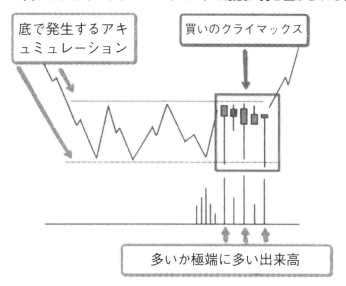

満杯にし、価格を狭いレンジで上下動させ、へばりついた最後の売り手をふるい落とす。

　この段階の終了間際、インサイダーは価格を一気に下落させ、さらに売り手をふるい落とす。そして、この日の終わりには価格を吊り上げる。彼ら自身の買いによって価格は始値辺りまで上昇して引ける。割安株狙いの投資家は市場が「売られ過ぎ」であることを感じ取る。

　これが何回か繰り返される。恐怖にかられた投資家や投機家はもはやポジションを取ることはできず、パニック売りが続く。そして彼らはついに降伏する。これがインサイダーの最後の雄たけびだ。

　倉庫が株であふれんばかりに満杯になったインサイダーは、今度は株価を吊り上げ始める。価格はじわじわと上昇し、ディストリビューションの目標価格に向かって動き出す。

　すべての市場は何らかの方法で操作されていることを認めれば、あとのストーリーはおのずと分かってくるはずだ。

これまで述べてきたことは論理的で、いろいろな意味で常識的でもある。しかし、監督当局が規制しているかぎりこれは無理だろう、と勘違いしてはならない。ワイコフやネイの時代からほとんど何も変わっていないのだ。ここでリチャード・ネイが1975年に書いた『メイキング・イット・イン・ザ・マーケット（Making it in the Market）』からの言葉を紹介しよう。

　これはリチャード・ネイがSEC（証券取引委員会）当局と行った電話による会話である。SECは米国の金融市場を監督・監視する連邦政府の機関である。

　これは1975年の電話での会話であることに注意しよう。ネイはSEC当局にスペシャリストをどのように監視・監督しているのか聞いている。

> **スペシャリストは取引所によって監視されている。だから、私たちが彼らに深く関与することはない。彼らを委員会が直接規制しているわけではないのだ。彼らは自主規制しているのだ。つまり、彼らは自分たちのルールを作っているわけである。委員会はそれを静観しているだけだ。ただし、委員会が不適切なことが行われていると感じたときにはこのかぎりではない。しかし、そういったときでも、私たちはブローカーディーラーのことはチェックするが、取引所に行ってスペシャリストをチェックすることはない。**

　昔と今とでは何が変わっただろうか。

　実際にはほとんど何も変わっていない。取引が電子取引に移行し、SECが今頭を悩ませている問題の1つが、高速・高頻度トレード（HFT）ということを除いては。

　通常、個人や企業は、SECなどが何がしかの統制力を持ってスペシャリストを監視・監督していることを証明し、市場が公正かつオープ

ンな方法で規制されていると言って一般大衆を安心させようとする。

残念ながら、こんなことをしても仕方がない。これはVPAを使えばすぐに分かることだ。インサイダーは豊富な経験を持ち、金の卵を産むガチョウを殺すことなどお手の物だ。彼らは自分たちの目的を達成するために、価格を操作するもっとエレガントで新たな方法を生みだすだけである。

超高速トレードについてSECが最近発表したレポートを紹介しよう。

> 高速・高頻度トレードのテクニックはたくさんある。SECコンセプト・リリース［6］によれば、これらのテクニックは4つの戦略に分類される。
>
> 　マーケットメーキング──従来のマーケットメーキングと同様、この戦略は市場の両側で流動性を提供し、スプレッドを得ることでお金を儲けようとするもの。
>
> 　アービトラージ──サヤ取り機会が発生したときに売買する（例えば、指数、ETF、米国預託証券やこれらを構成する証券のミスプライスを利用する）。
>
> 　ストラクチュラル──市場や市場参加者の構造上の脆弱性を利用する戦略。レイテンシー・アービトラージ（業者間の提示レートの時間差を利用した取引）やクオート・スタッフィング（注文を入れると同時にすぐにその注文を取り消すこと）が含まれる。
>
> 　ディレクショナル──値動きを先取りする戦略。注文を予測したり、特定方向に積極的に注文を出し、トレンド追随者にそのトレンドの後押しをさせるモメンタム・イグニッションが含まれる。

このレポートの日付は、2012年の終わりだ。

くだくだと説明したくはないが、本書を読んでいる人のなかには、

私のことをいまだに「陰謀説を唱える人物」と思っている人がいるに違いない。でも、私は断じてそういう人物ではない。

ネイが以下のように指摘している。

> **こういった調査を行っている政府の人員はいろいろな意味で（例えば、キャンペーンで貢献したり、法律事務所を通じて）証券取引所のお世話になっているか、（SECの検査官や委員長の場合）これらの調査活動は経済的には報われないため、近い将来証券業界に雇われることを望んでいる。**

本章を締めくくるに当たって、本章で学んだことをまとめておこう。

図5.9は完全な市場サイクルを示したものだ。私はこれを、インサイダーの「オフィスでの１日」と呼んでいる。

最初のキャンペーンはアキュミュレーションだ。急落のあと空になっている倉庫を卸売価格で満杯にする。

倉庫がほぼ満杯になったら、買いのクライマックスが始まる。ボラティリティを伴う値動きで、より多くの株式を引き付ける。買いのクライマックスが終了すると、この価格領域から離れて売りに入ってよいかどうかの試しを行う。売りがすべて吸収されたのを確認すると、インサイダーは段階的に価格を吊り上げ、大きなショックを受けている投資家や投機家に自信を取り戻させる。

投資家や投機家が自信を取り戻すと、トレンドは勢いを増し、「市場はうなぎ上りに上昇する」と信じている買い手を引き寄せる。注意深い投資家さえ屈服して買ってしまう。こうして価格は目標価格である小売価格に達する。

市場が小売価格に達し、ディストリビューションが本格的に始まると、価格はさらに上昇し、さらなる買い手を引き寄せる。そのあと、価格は引き下げられ、買い手は弱いポジションをつかまされてにっち

図5.9　市場サイクル──インサイダーのオフィスでの1日

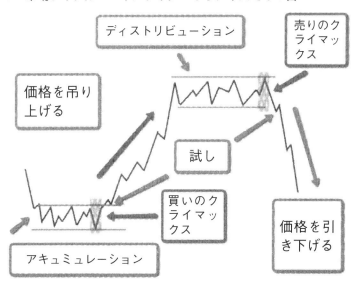

もさっちも行かない状態に陥る。最後に、売りのクライマックスが始まる。価格は上下動し、残りの在庫はすべて売り尽くされる。倉庫が空になると、市場は下落し始め、今度は需要が試される。この領域の買い手がすべて吸収されたことを確認すると、キャンペーンは終了し、価格は急落する。

これでサイクルは完了だ。インサイダーはあとは利益を数えるだけだ。そして、このサイクルを何度も、何度も繰り返す。これで全貌は分かったと思う。

ここで忘れてはならないのは、このサイクルはどんな時間枠でも、どんな市場でも発生するということである。例えば、上のチャートは通貨ペアの5分足チャートで、このサイクルは数時間続くかもしれないし、株式の日足チャートで、数週間から数カ月続くかもしれない。あるいは、先物の1時間足チャートかもしれない。この場合のインサ

イダーは大口投資家で、このサイクルは数日から1週間続くかもしれない。時間枠は重要ではない。重要なのはワイコフの「原因と結果」の法則である。

チャートを細かく調べ始めると、このサイクルは繰り返し発生していることに気づくはずだ。今までの章で学んだことを駆使すれば、市場のメカニズムを理解することができ、自信をもってトレードできるようになるはずだ。

しかし、VPAトレーダーにとってこれは出発点にすぎない。

次の第6章に進む前に、これまでに学んだことをおさらいしておこう。私がVPAを始めたとき、これらのことを理解するのには時間がかかったからだ。

まずは、市場操作から見ていくことにしよう。これはインサイダーが自由に価格をランダムに上げたり下げたりすることを意味するのだろうか。そうではない。私の市場操作に対する考え方は、ほかの人とは違うかもしれない。市場操作とは、あらゆるリソースを用いて、一般投資家の心にある恐怖や貪欲を誘発することを意味する。つまり、メディアのあらゆるニュースを使って買いや売りに影響を及ぼし、インサイダーの望む方向（ディストリビューションに向けて価格を吊り上げ、アキュミュレーションに向けて価格を引き下げる）に価格を動かすことを意味するのである。

これが私の考える市場操作である。市場操作とは、ある環境を創造し、その環境によって投資家や投機家の心に恐怖や貪欲を誘発することである。前にも述べたように、市場操作とは価格を操作することではなく、恐怖と貪欲という双子の感情を操作することなのである。恐怖は売りを誘発し、貪欲は買いを誘発する。メディアはこれら両方を生みだす完璧なツールなのである。

インサイダーは一体となって動くが、これはカルテルではない。市

場には何百人というスペシャリストやマーケットメーカーがいる。しかし、だからといって彼らはみんな一緒に行動しているわけではない。インサイダーはみんな、強気と弱気を同時に観察することができるということである。彼らは市場の両側、つまりすべての買い注文と売り注文を見ることができる強みを利用する。したがって、市場の真のセンチメントをとらえることができる。

しかし、彼らが隠すことのできないものが1つある。それが出来高だ。だから、出来高はパワフルなのである。インサイダーが値動きに関与しているときを知り、もし関与しているのであれば、彼らは買っているのか、売っているのかを私たちが知ることのできる唯一の手段が出来高なのである。彼らが買いのクライマックスで買っているとき、出来高が多くなるため、私たちはそれを知ることができる。また、彼らが売りのクライマックスで売っているときも、出来高が多くなるため、私たちはそれを知ることができる。ここを理解しなければならない。重要なのは、操作云々ではなく、出来高なのである。これはまた別の重要なことにつながる。

私がよく質問されるのは、インサイダーはアキュミュレーションやディストリビューションの目標価格をどうやって決めるのかということである。これには私も悩まされた。事前に任意の水準を決めるのか、それともこの価格の振る舞いを理解するためのロジックがあるのか。「理にかなった」水準、というのがその答えである。

どんな価格チャートでも、保ち合い水準というものがあり、それは本章の最初に述べた「売られ過ぎ」や「買われ過ぎ」という自然な水準を生みだす。これらの価格水準はVPAの基本だ。これには理由が2つある。それは、これらの水準が市場が支持線を見つけだす領域、あるいは抵抗線を見つけだす領域であるということである。支持線や抵抗線は、市場が過去に小休止して、その水準からさらに進むか反転した領域である。これについてはこのあと詳しく説明するが、今のと

ころは、支持線と抵抗線は市場がアキュミュレーションやディストリビューションに入って横ばいになると発生するものと考えてもらいたい。

これらの「段階」はどんな時間枠のチャートでもあちこちで発生し、インサイダーはこれらの段階がどこで発生するのか、よく発達した領域なのか、それとも価格が過去に小休止して、再び動き出したマイナーな領域なのかがよく分かっている。したがって、キャンペーンでは、インサイダーはこれらの領域をアキュミュレーションやディストリビューションの価格目標にする。価格がこれらの領域に達したあとの値動きもこれで説明がつく。

まずはディストリビューションから見ていこう。売りのクライマックスでは何が起こっているのだろうか。

市場は上昇し、良いニュースで上昇はさらに加速し、目標領域に達する。これは市場が「売られ過ぎ」とみなされる領域だ。つまり、市場が上昇し尽くして、弱まり始める領域だ。これらの領域はインサイダーがキャンペーンを始める前に目指していた領域だ。良いニュースを追い風に市場は上昇トレンドに乗り、多くの買い手が市場に殺到する。ここでインサイダーは小休止し、ディストリビューションを始める。

ディストリビューションの最初の段階では、インサイダーによって生みだされた勢いに乗って買いが行われるため、出来高は多い。でも、多すぎるということはない。陽線の出来高は投資家や投機家による「自然」な買いを表している。つまり、この段階ではインサイダーは市場を「強制的に」吊り上げる必要はない。上昇トレンドで生みだされた需要に応えて売っているだけである。買い手は「貪欲」になっている。前のトレンドで買った人は、市場はおそらくはこの水準で上げ止まるだろうと考え利食いするので、この段階のこの水準での売りは「自然」な売りである。ここで重要なのは、この段階の出来高は平均以上だが、

過度に多くはないということである。

　チャートをよく観察すると分かってくると思うが、ここには弱気のシグナルが出ている。しかし、ディストリビューションのこの最初の段階は「自然」な段階である。つまり、インサイダーは貪欲な投資家や投機家からの需要に応えているだけと言うことである。売りは在庫に吸収されるため、彼らは再び売る。ここで彼らはニュースを使って株価をこのレンジで上下動させる。その間、在庫は減り続ける。

　ディストリビューションの最終段階は売りのクライマックスだ。ここでインサイダーは最後のひと仕事をする。市場は非常に弱まっている。おそらくニュースが以前ほど良くないのだろう。ここでインサイダーは、さらなる買い手を引き込むためにありとあらゆるニュースを使って価格を「強制的に」引き上げる。

　しかし、市場は弱まっているので、買い手は売り手に圧倒される。これは売りのクライマックスのときのローソク足に反映されている。インサイダーは懸命になって価格を上げ続け、買い手に売ろうとする。しかし、売りの出来高が増えれば、価格は下がり、市場の下降圧力は増すばかりだ。

　これはすべてのキャンペーンに伴う問題だ。つまり、大量に売れば価格は下がるが、価格は高い水準に維持しなければならず、在庫も大量にさばく必要がある。これがディストリビューションの最終段階で繰り広げられる現象で、インサイダーがこの段階で必ず直面する問題である。

　価格を急落させることなく、在庫を素早く大量に売りさばかなければならない。キャンペーンでこれまでやってきたことを水泡に帰したくはない。これはインサイダーの頑張りどころだ。売りのクライマックスの最後のいくつかのローソク足にはこれがはっきり現れている。インサイダーは価格を上昇させ、価格を下げることなく増え続ける需要に応えようと必死だ。

売りのクライマックス

　図5.10を見てみよう。インサイダーが大量に売って需要に応えようとするため、価格は下落する。ここで例を挙げよう。例えば、品不足になると価値は高まる。デザイナーグッズ、ブランド品、高級品を考えてみよう。何かの価値を高めるには、「限定品」にすればよい。入手できる数には限りがあり、みんながこれを欲しがるので、高値で売ることができる。これとは逆に、量販品は出回る数が多いので安く売られ、価格は上がらない。

　大手機関投資家が大量の株を市場の天井で売らなければならないとき、一括で売ることはない。一括で売れば、価格は下がり利益が減るからだ。この問題を解決するために大手企業の多くが使っている取引が「ダークプール」と呼ばれているものだ。

　私は本書の最初で、隠すことのできない唯一のものが出来高であると言った。しかし、厳密に言うとこれは正しくない。大手機関投資家は大きな取引を隠すためにダークプールを使う。取引が完了するまで、この詳細は知られることはない。

　これは市場の透明性を著しく損なうもので、一般のトレーダーや投資家の知らないところで行われる取引である。しかし、これは私たちの関知するところではない。

　しかし、私の言いたいことはこれでより一層はっきりする。大量に売らなければならないとき、1回の注文で行えば価格は急落する。これを避けるには、注文を複数の注文に分けて少しずつ売るか、これを完全に隠すためにダークプールを利用するかのいずれかだ。

　買いのクライマックスでも同様の問題が発生する。インサイダーは大量に買おうとするため、価格は急上昇し始める。ベアリングス銀行を破綻に追い込んだトレーダーとして知られるニック・リーソンも同じ問題を抱えていた。彼のポジションは非常に大きかったため、ポジ

図5.10 売りのクライマックス

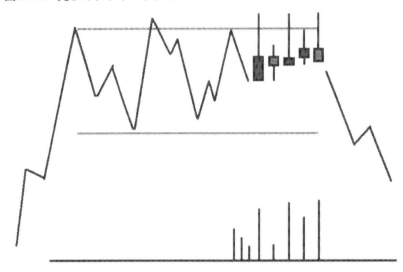

ションを手仕舞いするには価格を自分自身の売買に逆行させなければならなかった。

　最後にもう１つ例を見てみよう。流動性のない株や通貨を売買するとき、大量に買えば価格はあなたの思惑に反して上昇し、大量に売れば価格は下落する。価格はいつもあなたの思惑とは逆方向に動く。インサイダーもこれと同じ問題を抱えている。彼らが１日で売買を完結することができないのはこのためだ。

　売買は２日、３日、あるいは４日間にわたって行なわなければならない。ディストリビューションプロセス、売りのクライマックス、買いのクライマックスが長期にわたるのはこのためだ。私がトレードを始めたころ、しばらくはこの問題で悩んだが、忍耐強く、クライマックスが終了するまで待てばよいことをすぐに悟った。大量に売るには時間がかかるのだ。このことを覚えておいてほしい。

買いのクライマックス

　買いのクライマックスでも同様の問題が発生する。ここではインサイダーが大量に買い、空売り者がポジションを手仕舞いするので、価格は上昇する。しかし、インサイダーが市場に参入すると、出来高は増大する。ここでまた買いのクライマックスの例に戻ろう。図5.11は図5.8と同じものだ。

　市場は依然として弱気で、インサイダーは悪いニュースで価格を強制的に下げる。価格が下がると、大量に買って倉庫を満杯にする。これによって価格は上昇する。そのあと小休止したあと値動きは一時的に横ばいになる。

　彼らは悪いニュースをどんどん使って価格をどんどん引き下げる。インサイダーはそこでまた大量に買う。すると価格は上昇する。倉庫が満杯になるまでこれが繰り返される。

　市場操作によって価格が操作されることを信じているかどうかは問題ではない。重要なのは、私たちが信じているのは、市場の値動きのなかでの価格と出来高の関係であるということである。

　極端に多い出来高がはっきり示しているのは、市場はトレンドの反転に向けて準備しているということである。売りのクライマックスに伴って出来高が多くなると、トレンドが下方に反転することが予想でき、買いのクライマックスに伴って出来高が多くなると、間もなく上昇トレンドが始まることが予想できる。これは確かなことだ。

　多い出来高と関連する値動きが私たちに教えてくれるのがこれである。これ以上分かりやすいものはない。

図5.11　買いのクライマックス

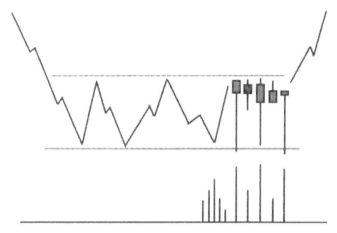

第6章
VPA——次のレベルへ
Volume Price Analysis — The Next Level

「私はテープと議論なんてしない」——ジェシー・リバモア(1877年～1940年。『孤高の相場師リバモア流投機術』[パンローリング]の著者)

　これまで数章にわたってVPA（出来高・価格分析）を学習してきた。ミクロレベル（ティッカーテープレベル）での価格と出来高の簡単な分析に始まり、マクロレベルでの価格と出来高の簡単な分析、そして最後に前の第5章では、チャート全体を見る「グローバル」な視点と、インサイダーがメディアを使って値動きを上下動させ、それに伴って出来高が多くなったり少なくなったりする市場サイクルについて見てきた。

　しかし、本書の最初に述べたように、トレードに新しいものは何一つない。出来高という概念も100年以上にわたって存在してきた。変わったことと言えば、チャートの値動きを分析するデファクトスタンダードとしてローソク足が導入されたことくらいだ。これまで紹介してきた本や記事には共通点が1つある。それは、チャートでは値動きを表すのにバーが使われていたことだ。欧米のトレーダーがローソク足を使い始めたのは、1990年代初期になってからである。ラボスにトレードの基本を教わったのは私にとってはラッキーであり、それ以来ずっとローソク足を使っている。理由はたくさんある。

　私にとってローソク足はバーよりも表現が豊かなのがよい。VPAとローソク足が私のメソッドを支える2大要素だ。ローソク足とVPAを組み合わせることで、市場の振る舞いを深く読み解くことが

できる。

本章では次のレベルに進んで、VPA分析で用いるさまざまなローソク足とローソク足パターンについて見ていく。本章はローソク足についての章ではないのでご注意を。ローソク足について書かれた本は多い。将来は私もローソク足についての本を書きたいと思っている。

本章では、VPAを使ってチャートを分析するときに見るべきローソク足とローソク足パターンについて説明する。このあとの章の実例に進む前に、いろいろなローソク足とローソク足パターンを見ていく。

その前に、ローソク足を使って分析を行うときに注意しなければならないことについて見ておこう。

原理1

ローソク足を見てまず注目すべき点はローソク足の上や下に付いているヒゲの長さである。これは近い将来の強さや弱さ、優柔不断性、そしてもっと重要なのは、市場センチメントを教えてくれるからである。

原理2

ヒゲがない場合、終値の方向の強い市場センチメントを表している。

原理3

小さい実体は弱い市場センチメントを表し、大きい実体は強い市場センチメントを表している。

原理4

同じタイプのローソク足でも、トレンドのどこで現れるかによってまったく異なる意味を持つ。長いトレンドや保ち合いのなかのどの位置にそのローソク足が出現するかに常に注意することが重要だ。

原理5

価格は出来高によってその妥当性が証明される。まずローソク足を見て、次に出来高によってその値動きに妥当性があるのか、あるいは例外なのかをチェックする。

まずは、最も重要な2つのローソク足——流れ星とハンマー——から見ていこう。

流れ星（上ヒゲが長く、実体の小さいローソク足）

このローソク足は弱さを表す。
　流れ星は、VPAにおいて重要な3つのローソク足の1つで、どんな時間枠でも、どんな投資対象でも、どんな市場でも注意しなければならないものだ。
　価格が上昇したあと、始値辺りまで下落しているので、これは弱さを表している。この取引時間帯では売り手が買い手を圧倒している。
　流れ星は上昇トレンドでも下降トレンドでも、またトレンドのどの位置にでも現れる。この足が現れてもすぐに反転するわけではない。値動きのこの時点における市場の弱まりを表しているにすぎない。このローソク足が重要になるのは、出来高を伴うときだけである。
　流れ星は基本的に弱さを表し、その弱さの相対的な強さと、反転す

る可能性があるかどうかは出来高によって決まる。流れ星と出来高の組み合わせについては例を見てみるのが一番だ。

　上昇トレンドにおいて平均を下回る出来高の流れ星は上昇トレンドにおける小休止、つまり短期的な押しを表す。トレンドが継続するかどうかは、その前後の値動きを見て判断する。

　トレンドが進むと、平均的な出来高の流れ星がさらに出現して、最初の弱さが確認される。同じ時間枠のトレンドで同じようなローソク足が２本現れたら、それらのローソク足の出来高を比較する。１本目のローソク足が弱さを表す最初のサインだった場合、２本目の足の出来高が増加していれば、最初の弱さは２本目のローソク足で確認される。要するに、２本目の足の出来高が１本目の足の出来高よりも多い場合、より一層多く売られ、価格が下落していることを表すため、市場はますます弱まっているということになる。

　これは重要なポイントだ。これは言わなくても分かるかもしれないが、あえて述べておく。

　流れ星が１つ出現したら、それは弱さのサインである。流れ星が２本続けて、あるいは比較的近い位置で出現したら、これは弱気センチメントが増大していることを表す。３本目の流れ星が現れたら、弱気センチメントはさらに増大していることになる。つまり、単独で現れるローソク足も重要だが、同じ価格領域で同じローソク足が出現したら、弱気センチメントか強気センチメントがさらに増大しているということである。これは値動きだけに基づくものである。これに出来高を加えれば、分析を次の次元へと引き上げることができる。プライスアクショントレーダーがなぜ出来高を使わないのか不思議でしょうがない。

　図6.1を見てみよう。これらのローソク足は連続的に出現したものとする。図を見ると分かるように、出来高は徐々に増えている。このローソク足パターンと出来高を見て、あなたは市場は上昇すると思う

図6.1　流れ星と出来高

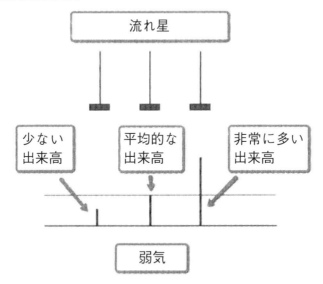

　か、それとも下落すると思うだろうか。

　明らかに市場は下落する。理由は簡単だ。第一に、3本の連続するローソク足はすべて同じ水準で高値に失敗している。したがって、市場は弱まっている。第二にこれらは3本の連続する流れ星だ。すでにご存じのように、流れ星は弱さを表すサインである。そして、最後が出来高だ。同じ価格水準で3本の同じローソク足が出現し、出来高は徐々に増えている。つまり、市場はもがいているわけで、最後の2本の流れ星は売りのクライマックスととらえることができる。

　さらに、これらのシグナルが横ばいが一定期間続いたあと発生したとすると、シグナルはさらに強力なものになる。これは価格分析のまた別のテクニック――支持線と抵抗線――を使って証明することができる。

　市場の天井や底はあとになって振り返ればよく分かるものだ。天井

図6.2　流れ星とその典型的な値動き

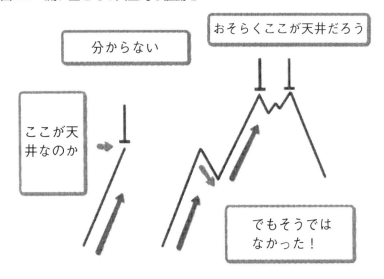

や底を言い当てるよりももっと難しいのは、大きな転換点をリアルタイムで言い当てることである。これを図で見ると**図6.2**のようになる。これを見ればこのテクニックをより広い視点でとらえることができると思う。

　まず、図の左側を見てみよう。市場は上昇してきて、流れ星が出現する。出来高は平均を上回るとする。このローソク足の出現で、トレンドは大きく反転するのだろうか、あるいはこれは単なる小休止なのだろうか。今のところは分からない。

　ここではっきり言えることは、それまでの取引時間帯では上昇トレンドだったが、市場は今はやや弱まっているということだけである。このシグナルは、市場がしばらくの間上昇したあとで現れたため、ある程度有効ではある。つまり、私が強調したいのは、これらのシグナルはこれまでの値動きの文脈で考えなければならないということである。

このケースの場合、上昇トレンドが形成され、そこで出来高が平均を上回る流れ星が出現した。私たちは何をすべきか。すぐに飛びついて、仕掛けるべきなのだろうか。

それは違う。前にも言ったように、市場はすぐに反転するわけではない。小休止して、じっくり考え、上昇し、また小休止して、それから下落する。

この弱さが本物なのかどうかを確かめるためには次のローソク足を待たなければならない。おそらくは実体の小さい陽線がいくつか現れたあと、再び流れ星が現れるはずだ。最初の流れ星は私たちに注意を促す足だ。この弱さが本物かどうかを確認するために続く足がどんな足なのかをチェックせよという合図であり、これが長期的な弱さのサインなのか、一時的な小休止なのかをVPAを使って推測する。この辺りで保ち合いになるかどうかもチェックする必要がある。そこが市場が以前に反転した価格領域なら、これも重要なヒントになり、反転するならそれがどれくらい強いものになるかについてのヒントも与えてくれる。

さらに、市場がアキュミュレーション（買い集め）からブレイクアウトしたばかりの場合、下方への反転が始まる可能性は低い。トレンドのどの辺りにいるのか、そしてそのトレンドはインサイダーが買い集めをした保ち合いとどういう位置関係にあるのかを常に考えることが重要だ。ここでは新たなトレンドが始まり、いきなり反転するようなことは考えられない。特に、そのあと試しが成功した場合はなおさらだ。したがって、流れ星がどこで出現するのかを「より広い視点」でとらえることが重要だ。

次のステップでは、このシグナルをもっと短い時間枠ともっと長い時間枠でチェックし、VPAをこれらの時間枠に適用する。

例えば、この値動きが１時間足チャートで現れたとする。その場合は15分足チャートを見て、流れ星が２本、いずれも平均を上回る出来

高で形成されていたとすると、市場は大きく反転することが予想できる。さらに、15分足チャートには保ち合い領域が形成されていることもある。この領域は私たちの分析に大いに貢献してくれる。この分析は、数秒とは言わないまでも、次のローソク足が形成されるのを待つ間の数分で終わる。

複数の時間枠を使うことでより長期のトレンドを見ることができるため、この流れ星が単なる押しなのか、あるいは大きなトレンド転換になるのかを見極めることができる。チャート分析に複数の時間枠を使うメリットはこれだけではない。複数の時間枠を使えば、ポジションをどれくらいの期間保有すればよいのかも分かる。

もし長期トレンドが上昇トレンドで、短い時間枠を見て空売りをしている場合、支配的なトレンドに逆らってトレードしているわけだから、そのポジションは短期間だけにしたほうがよいということになる。

市場が今「天井」にあるのかどうかを確認するためのテクニックはいろいろある。これについてはこのあと詳しく説明するが、ここで少しだけ触れておきたい。この疑問に答えてくれるのが、複数の時間枠分析であり、VPA分析であり、保ち合い分析であり、ローソク足パターン分析である。また、市場は上昇しているのに出来高が減少している場合も、市場の弱さを表す典型的なサインである。

流れ星が出現する前には実体が小さく出来高の多い陽線が出現するのが普通だ。これもまた弱さを表す典型的なサインだが、これが単なる押しなのか、大きなトレンド転換なのかはまだ分からない。これを知るには助けが必要で、それが別の時間枠を使ったVPAと、このあと出てくるテクニックだ。

そのテクニックの1つが、保ち合いの性質（深さや幅）だ。市場は一定の価格水準における横ばい期間が長いほど、ブレイクアウトして反転する可能性が高くなる。

前にも言ったように、VPAはアートであって科学ではない。した

がって、この分析はトレードソフトウェアに頼ることはできない。支配的なトレンドを見極めるために行う各ローソク足の分析や、ローソク足パターン分析、出来高分析、複数の時間枠にわたる値動きの分析はすべて主観的だ。学ぶのには時間がかかる。私が本書を書いたのは、学習曲線を短縮するためである。

　本章の最初に述べた5つの原理はすべてのローソク足、すべてのVPA分析に適用することができるが、流れ星とヒゲが逆方向に付いたハンマーは非常に重要なので、ここでVPA分析の次のレベルの基本概念を紹介することにする。

　その前にまず、流れ星についてまとめておこう。

●流れ星は上昇トレンドだけでなく、下降トレンドでも現れ、弱さを表すサインになる。下落が始まった直後に出現したときは特にそうである。流れ星が売りのクライマックスのあとの下降トレンドで出現したとき、それは需要の試しを意味する。さらに、そのとき出来高が少なく、売りのクライマックスのあとしばらく横ばいが続いたときは、これもまた市場がディストリビューション（売り抜け）から離れていく間にインサイダーが需要を試していることを意味する。この流れ星は市場が押し上げられたことを示すサインになるが、需要がないため、始値あるいはその近辺まで下落して引ける。

●流れ星は大きなトレンドのなかの小さな反転で現れることもある。下方へのプレッシャーが小休止して戻すときがそうである。このとき、平均を上回る出来高を伴えば、市場が依然として弱いことを示している。しかし、トレンドの底で発生する買いのクライマックスにはまだ達していない。

●値動きのこのパターンは、インサイダーがパニック売りした売り手から買い集めた在庫を再び売っていることを示している。倉庫にある在庫は価格が下落している間に売らなければならない。インサイ

ダーは目標価格、つまり卸売価格で買いたいのである。
● 市場は底を付け、これからは上昇するはずだと思ってこの小さな反転で買う買い手もいれば、売り続ける人もいる。この値動きは市場が急落しているプライス・ウォーターフォールで発生する。インサイダーはメディアを使って下落を止め、小休止し、上昇させて、需要が高まったときに売らなければならない。それと同時に、継続的に発生している売りにも対応しなければならない。したがって、出来高は平均を上回るか多くなる。これはこの先さらに弱くなることを示している。

ハンマー（実体が非常に小さく、下ヒゲが非常に長い）

このローソク足は強さを表す。

3つの「重要な」ローソク足のうち、2番目の足はハンマーだ。これもまたどんな市場でも、どんな時間枠でも現れる典型的なローソク足だ。これは基本的に強さを表す。一時的な強さの場合もあれば、長期的な反転を示す場合もある。

ハンマーは、始値から下落し、そのあと回復して始値で引ける足をいう。これは強さのサインだ。売りが十分に吸収され、買い手が売り手を圧倒するため、市場は回復する。「市場が底を打つ（hammering out a bottom）」というのが名前の由来だ。流れ星同様、VPAと組み合わせれば非常にパワフルだ。

本章の最初に述べた5つの原理はハンマーにも当てはまる。このローソク足を見ると興奮するというのも流れ星と同じだ。私たちはこのローソク足を見るとトレンドが転換すると思うので、市場に飛びつきやすい。市場が急落しても、市場はすぐには反転しない。小休止し、上昇して、再び下落するのが普通だ。つまり、ショートスクイーズである。

インサイダーは下落過程で売られることで保有した在庫を一掃しなければならない。インサイダーが買いに入ると、市場は一時的に買い支えられることになる。この最初のシグナルがハンマーだ。またインサイダーは、上げ相場の流れ星で売ることもある。ハンマーはインサイダーによる「強制された買い」を意味し、流れ星はインサイダーによる「強制された売り」を意味する。市場が急落するとき、高い価格水準で吸収しなければならない売りが必ず存在する。この場合、価格がもう一度下がる前に、在庫を一掃する必要がある。でなければ、インサイダーのもとには卸売価格ではなく高値で買った大量の在庫が残ってしまうことになる。

　価格が下落するとき、小休止したあと、少し戻して、そのあと再び下落し続けるのが普通だ。いつものように、重要なのは出来高だ。価格が下落しているときに出来高が増加しているのは、市場がさらに弱まることを示す強力なシグナルになる。したがって、ハンマーが１本出現しただけでは、たとえその出来高が平均以上でも、下落を止めるだけの十分な力はない。重要なのはそのあとに続く動きだ。ハンマーや流れ星を見たとき、それが長期トレンドにおける単なる小休止なのか、トレンドの本当の反転なのかを判断することが重要だ。

　流れ星と同様、ハンマーも多い出来高や極端に多い出来高を伴うハンマーが２～３本続けて現れると強力なシグナルになる。つまり、ここは買いのクライマックスであり、インサイダーの仕事が終わるのを辛抱強く待つことが重要になる。このあと、市場は上昇していく。

　さらに、もう１つ覚えておかなければならないことは、買いのクライマックスが終了したら、ハンマーを使った試しが１～２回あるということだ。これらのハンマーは、ヒゲが短いため、真のハンマーに比べるとあまり目立たない。しかし、始値と終値が同じで、下ヒゲがあるというのは同じである。

　試しが成功するには、出来高が少なくなければならない。また試し

は2回以上行われることが多い。価格がその直前の激しく売られた領域に戻るため、これらの試しはアキュミュレーションが行われる保ち合い領域と、ブレイクアウトの最初の局面で発生することが多い。

　これら2つのローソク足（流れ星とハンマー）は価格と出来高を読むうえで最も重要なものだ。VPAの導入部でも述べたように、1つのローソク足を見るときも、連続する複数のローソク足を見るときも、私たちが見いだそうとしているのは、それが正しい価格なのか、それとも例外なのかである。値動きは出来高によって裏付けられているのか、そしてそれは私たちに何を伝えようとしているのか。あるいは、これは例外で、別のメッセージを伝えるものなのか。

　流れ星はそれ自体明確なメッセージなので、流れ星には基本的に例外はない。どんなプライスアクショントレーダーも言うように、このローソク足は弱さを表すシグナルだ。これ以外の解釈はない。市場は上昇し、再び下落する。したがって、市場は弱い。出来高の役割は、この弱さの確認である。出来高の少ない流れ星が1つ現れればそれは弱さを表すサインになるが、売りのクライマックスのあと需要が試されなければ、その足自体はそれほど重要ではない。

　平均的な出来高の流れ星は弱さを表すサインになる。これは比較的強いシグナルで、このローソク足で発生する戻りは、最初の例の少ない出来高のローソク足での戻りよりも重要だ。そして出来高が多いか極端に多いとき、それはスマートマネーたちが売っていることを示している。それが株式や指数のマーケットメーカーであろうと、先物の大口投資家であろうと、FXのマーケットメーカーであろうと、債券の大口投資家であろうと、そんなことは問題ではない。インサイダーが売っている、だからこのあと大きな動きが予想される。だから、私たちはそれに備える必要がある。

　重要なのは、流れ星には例外はなく、シグナルの強さを確認する必要があるだけであるということである。流れ星では値動きは必ず出来

図6.3 ハンマーと出来高

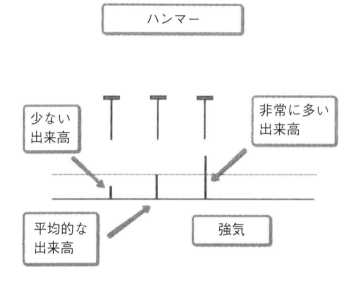

高によって裏付けられる。私たちがやるべきことは、出来高が少ないのか、平均的なのか、多いのか、極端に多いのかを見て、その先の値動きを予測し、そのあとチャート上で現れるローソク足を注意深く見ることである。

ハンマーにも同じことが言える。ハンマーにも例外はない。値動きは私たちの知りたいことをすべて教えてくれる。この取引時間帯に価格は一度下落し、再び上昇して始値かその近くで引ける。したがって、これは強さのサインであり、出来高はこのサインの強さの程度を教えてくれる。

図6.3には3種類の出来高の足（少ない、平均的、極端に多い）を伴う3本のハンマーを示している。

出来高の少ないハンマーは市場が若干強いことを示しており、平均的な出来高のハンマーは反転が起こる可能性が高いことを示しており、極端に多い出来高のハンマーは、買いのクライマックスの一環として

インサイダーが大量に買っていることを示している。出来高は市場がどこまで行くのかについてのヒントを与えてくれるものだ。平均的な出来高のハンマーは日中にスキャルピングの機会を与えてくれ、出来高の少ないハンマーは、この価格水準では上方への関心がないため、反転の可能性が低いことを示している。

　ここでもう1つ言っておきたいことがある。
　VPAはローリスクのトレード機会を与えてくれるだけでなく、それらのポジションを保持するのを手助けしてくれるものでもある。ポジションを保持するのは非常に難しい。ポジションを保持し、トレンドに乗り続けることは非常に難しい。これは習得するのが最も困難なスキルの1つだと私は思っている。多くのトレーダーが失敗するのはそのためでもある。トレンドに乗り続けてこそ利益を最大化できるのである。トレンドは数分から数時間続くものから、数日あるいは数週間続くものまでいろいろだ。
　市場は一気に上昇したり下落したりすることはない。市場は段階的に上昇し、下落する。私たちはこうした小さな押し・戻りの間もずっとポジションを保持し続ける必要がある。今のポジションを保持し、自分の分析に自信を持ち、市場の真の内部を見る手助けをしてくれるのがVPAなのである。
　例えば、市場が下落すると私たちは売る。そこでハンマーが現れる。これはトレンド転換なので手仕舞うべきなのか、あるいは下落途中の短期的な戻りにすぎないのか。出来高が少なければ、インサイダーはこの水準では買っていないのは確かだ。ハンマーが現れたあとで、平均的な出来高か多い出来高で流れ星が出現する。流れ星は弱さを表すサインなので、これは単なる戻りであることが分かる。したがって、ポジションはそのまま保持すべきということになる。出来高を見なければ、この値動きの強さや弱さは分からない。しかし、出来高を見れ

ばすべてが明らかになり、それに基づいて意思決定を行うことができる。

　仕掛けを促してくれるだけでなく、ポジションを保持する手助けをしてくれ、最終的には手仕舞いも手伝ってくれる。これこそがVPAの威力なのである。

　もう1回図6.3を見てみよう。多い出来高か極端に多い出来高でハンマーが現れると、それは反転の可能性を教えてくれる早期の警告だ。ビッグマネーが市場に参入し、空売り筋はそろそろ利食いし、ブレイクアウトしたときに買いにドテンする準備をするときだ。

　仕掛けるのは非常に簡単だが、ポジションを保持したりタイミングよく手仕舞ったりするのは非常に難しい。こんなとき、市場の振る舞いを見極める洞察力を与えてくれるパワフルなテクニックがVPAである。価格と出来高の関係がどういうメッセージを送ってきているのかを理解し始めたら、トレードの最高の境地に到達したも同然だ。

　最後に、上昇トレンドの天井で現れるハンマーは異なる名前で呼ばれ、解釈もまったく異なる。

　前に述べた原理4で意味したものがこれである――ローソク足はトレンド全体のどこで出現するかによって意味が異なる。上昇トレンドの天井で現れるハンマーは「首吊り線」と呼ばれる。そして、流れ星を伴うローソク足パターンで現れたときには、弱さを表す。

　3つの重要なローソク足の最後の足は同時線で、なかでも特に足長同時線と呼ばれるものは重要だ。

足長同時線（十字線で足が長いもの）

このローソク足は市場が優柔不断であることを表す。

　同時線にはいろいろな変化形があり、どんなチャートでも連続して現れることが多い。どの同時線も、始値と終値が同じかほとんど同じ

で、上ヒゲと下ヒゲがあるという特徴を持つ。

　同時線はさまざまな大きさやタイプのものがあるが、VPAにとって重要なのは1つだけで、それは足長同時線だ。

　同時線は値動きの優柔不断性を表す。弱気センチメントと強気センチメントが拮抗しているときに現れる。まず寄り付いたあと、センチメントが一方に偏り、そのあといきなりセンチメントが逆転し、そのあと寄り付き時の市場センチメントに戻って始値で引ける。これが同時線の一般的な動きだ。つまり、この取引時間帯では支点を中心に価格が大きく上下動（スイング）したということである。

　足長同時線の大きな特徴は、上ヒゲと下ヒゲが実体に比べて長いことである。ちょうどユウレイグモ（身体は小さく、細く長い足を持つクモ）に似ている。

　このローソク足は、トレンドが変わるときに現れる足で、高い予知能力を持つ。ハンマーや流れ星と同じように、値動きだけでもはっきりとしたシグナルになるが、出来高と組み合わせれば、絶大なパワーを発揮する。値動きそのものだけでも動きが優柔不断であることを物語るに十分である。そうでなければ、ローソク足の構造はまったく違ったものになるだろう。

　値動きはセンチメントを示すものだ。足長同時線の場合、それは優柔不断性を示しており、したがってどちらかのセンチメントが勝てば、価格はその方向に雪崩のように動く可能性がある。足長同時線は弱気から強気、または強気から弱気への反転を示しており、どちらになるかはその前の値動きによる。しばらく上昇トレンドが続き、そこに足長同時線が出現したら、下降トレンドに反転することを示す最初のサインになる。逆に、しばらく下降トレンドが続き、そこに足長同時線が現れたら、上昇トレンドへの反転を示すシグナルになる。

　しかし、流れ星やハンマーと異なるのは、足長同時線には例外がある点だ。図6.4を見てみよう。例によって3種類の出来高の足を示し

図6.4 足長同時線

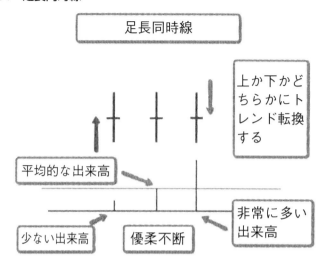

たが、例外は出来高の少ない1本目の足である。

　なぜ出来高が少ないときが例外になるのだろうか。論理的に考えてみよう。市場が両方向に大きく動いて、最終的には元に戻って始値付近で引ける。1つの足の時間内で大きく上下動したので、これはボラティリティが高いことを意味する。もしボラティリティが高くなければ、まったく異なるタイプのローソク足になっていたはずだ。したがって、ボラティリティが高いのに出来高が少ないのは妙だということになる。

　ボラティリティの高い市場は努力を必要とする。努力と結果には密接な関係があることはすでに述べたとおりである。しかし、このケースの場合、努力しない（出来高が少ない）で、大きな結果（大きな値動き）を得ている。これは明らかに例外であり、価格は市場に参加していないインサイダーによって動かされていると考える以外にない。この最大の理由はストップハンティングである。マーケットメーカー

やインサイダーが価格を最初は一方向に大きく動かし、次に逆方向に大きく動かしてトレーダーたちをふるい落とし、トレーダーたちを損切りに引っかけて自分たちは利益を得る。これがストップハンティングだ。彼ら自身は買ったり売ったりしているわけではなく、ニュースを触媒にして価格を「思うに任せてもて遊んでいる」だけである。これからVPAについての重要なポイントが導き出される。

　足長同時線は一般に重大なニュースが発表されているときに現れる。例えば、米雇用統計の発表がそうだ。これは毎月第1金曜日に発表される。これが発表されると、市場のボラティリティは大きく上昇する。こうした経済指標が発表されるとき、このローソク足は頻繁に出現する。市場は一方向に大きくスイングし、次に逆方向に大きくスイングし、元に戻る。これが繰り返される。これはインサイダーにとって相場をちゃぶつかせ、トレーダーを損切りに引っかける理想的な状況だ。

　これが発生していることは出来高を見れば分かる。出来高が少なければ、この値動きは本物ではなく、例外だ。価格がこのように動くには努力が必要で、努力もなく、つまり少ない出来高でこうした値動きが発生しているのは例外以外の何物でもない。このような場合、インサイダーが価格を操作しているだけであり、足長同時線は反転のサインにはならず、まったく違う意味を持つ。つまり、インサイダーが大がかりな価格操作をしているということである。最終的には市場は反転するかもしれないが、今のところは静観して、さらなるローソク足の形成を待たなければならない。

　もう1つの重要なポイントは、出来高とニュースの相互作用だ。経済ニュースや経済関連の発言、金利などの基本的なニュースが発表されたとき、出来高を見れば、市場がそのニュースを正当なものとして評価しているのか、無視しているのかが分かる。つまり、出来高によってニュースの妥当性が確認でき、インサイダーがこのあとの値動きに参加してくるのか、あるいはサイドラインに下がって待つのかはす

ぐに分かるということである。

インサイダーが参加するのなら、私たちも参加し、参加しないのなら、私たちも参加しない。

例えば、雇用統計で「大幅に改善した数字」が発表され、株式、コモディティー、リスク通貨といったリスク資産に対して良い数字だったとすると、ニュース発表のあとこれらの資産の価格は上昇し、出来高も増加する。このような場合、市場がニュースを正当なものとして評価し、インサイダーやビッグマネーが参加しているとみなしてもよいだろう。このときチャートには、出来高が多く、実体の大きい陽線が現れる。したがって、このニュースは価格と出来高の両方によって正当性が確認されたことになる。

ニュースが発表されたときにはすぐに出来高を見るとよい。これがVPAの基礎を学ぶ最も手っ取り早い方法だ。①値動きが大きく出来高も多い、②値動きは大きいが出来高は少ない、③足長同時線なのに出来高は少ないという落とし穴的な動き——など、いろいろな動きが現れるはずだ。しかし、重要なのは、ニュースが発表されたとき、出来高が増加するのが普通で、これは分析を開始する最適のスタート地点になる。値動きが大きく、出来高も増加した場合、インサイダーが価格の上昇や下落に参加しているということになる。ニュースが発表されてから価格は大きく動いたが、出来高が伴わない場合、それは例外であり、何か別の力が働いていることを示している。つまり、注意せよという合図だ。

出来高とニュースは切っても切れない関係にある。市場はその日に発表される大きなニュースに反応するのが普通で、これが市場を読む最も簡単で速い方法であり、これによってあなたがトレードするいろいろな投資対象や市場にとっての少ない出来高、平均的な出来高、多い出来高、極端に多い出来高がどれくらいになるのかを知ることもできる。

図6.5　長大線

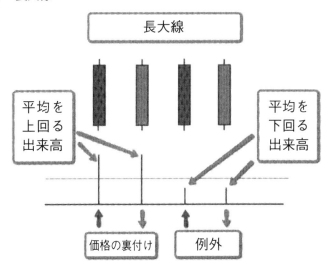

　足長同時線が正当化されるのは、最低でも平均的な出来高、好ましくは多い出来高または極端に多い出来高を伴うときである。出来高が少なければ、それは例外であり、インサイダーに仕掛けられたワナである。

　流れ星、ハンマー、足長同時線はすべての時間枠で見るべき最も重要な3つのローソク足だ。私たちのVPA分析はこれらの足から始まる。ポジションをまだ取っていなければ、仕掛けるべきなのかどうかを確認し、すでにポジションを取っている場合は、ポジションを保持するためのシグナル、あるいは手仕舞うためのシグナルを探す。

　ではこのほかの重要なローソク足とローソク足パターンを見ていくことにしよう。

長大線

このローソク足は強い市場センチメントを表す。

長大線は1つの明確なメッセージを伝えている。それはその足の時間帯のセンチメントが強いということである。強気か弱気かは別として、とにかくセンチメントが強い。価格が急上昇あるいは急落したあと、陽線の高値かその近く、あるいは陰線の安値かその近くで引ける。出来高もこの強いセンチメントを反映して、非常に「多い」。

図6.5を見ると分かるように、出来高が平均を上回る場合、私たちの期待どおり、価格の妥当性は出来高によって証明され、インサイダーが値動きに参加していることを示している。

しかし、出来高が平均を下回ったり少ない場合、これは警戒信号だ。価格は上昇したり、下落しているのに、努力が伴わないわけである。警鐘が鳴り始める。一般トレーダーはこれは市場によって正当化された動きだと思ってすぐに飛びつく。しかし、出来高はまったく違ったストーリーを語っている。このような場合は、ポジションを取っているのなら手仕舞い、ポジションを取っていない場合はインサイダーがいつ・どこで市場に参入してくるのかを見極めるために次のシグナルを待つ必要がある。

短小線

このローソク足は弱い市場センチメントを表す。

市場センチメントが弱いことを示す短小線になぜ興味を持たなければならないのかと、あなたは疑問に思っているかもしれない。私たちが市場に興味を持つのは、インサイダーが市場に参入しているときのみでよいのではないのか。もちろん、そうである。短小線はどこでも、しかも大量に出現する。しかし、私たちがこの短小線に注目しなければならない理由は、市場は一般に上昇するときにはゆっくりと上昇するからである。短小線の場合、市場は小休止し、保ち合いになり、そして反転するのが普通だ。したがって、短小線の場合、注目すべきは

図6.6　短小線

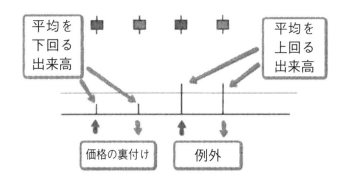

例外の場合の値動きであって、出来高によって裏付けられる値動きではない。

　短小線の出来高は少なくなければならない。原因と結果の法則を思い出そう。これらの短小線自体は私たちの興味の対象にはならないが、出来高が平均以上か多い出来高を持つ短小線は例外で、これは大いに興味をそそる。これは私たちに警戒を促す。なぜそうなのか。

　理由は簡単で、**図6.6**を見れば一目瞭然だ。実体が小さく、出来高が比較的多い陽線が出現すると、それは市場の弱まりを示すサインになる。出来高が多ければ、実体が大きくなるのが普通だ。これもまた原因と結果の法則が示すところだ。インサイダーは悪戦苦闘を始める。高値は抑えられ、少し上昇したとしても、それ以上は上昇しない。次のローソク足が流れ星なら、この弱さは本物であることが証明される。

　出来高の多い陰線が出現した場合はこの逆になる。市場は強気のセンチメントになりつつあることをインサイダーは察知する。実体が小さくなり、買い手（インサイダー）が市場に参入し、この水準で市場

図6.7 首吊り線

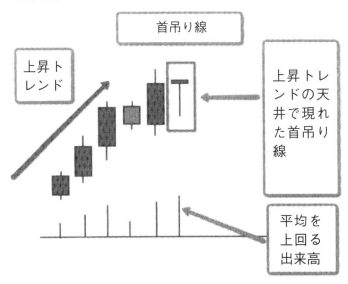

を買い支える。これは市場が弱気から強気に変わる最初のサインだ。このあとハンマーや足長同時線が出現すれば、この動きが本物であることが証明される。

首吊り線

このローソク足は上昇トレンドのあとの弱さを表す。

私が初めてVPAとローソク足を使って分析を始めたとき、上昇トレンドで首吊り線が現れたらそれは強さのサインであり、トレンドは継続すると見た。なぜなら、首吊り線はハンマーと同じだと思っていたからだ。でも、それは間違いで、まったく逆だった。図6.7に示したように、出来高が平均を上回っていれば、それは弱さを表すサインなのである。

でも、なぜこれが弱さを表すサインになるのだろうか。答えは簡単

だ。出来高の増加を伴いながら市場は徐々に上昇してきたが、上昇トレンドのある時点で市場はいきなり急落し、そのあとこの足の時間帯の高値かその近くで引ける。これはお馴染みの「ハンマー」だ。ただし、上昇トレンドの天井で現れたハンマーは首吊り線と呼ぶ。

このローソク足が弱さを表すサインとみなされるのは、これが売り圧力の最初のサインとなるからだ。インサイダーは試され、買い手は市場を買い支えてきたが、この首吊り線は市場が売られ過ぎ領域に向かっていることを示している。実体は陽線でも陰線でもよいが、始値と同水準かその近くで引ける必要がある。

これまで買い手によって買い支えられてきたが、この値動きは売り圧力が発生したことを示すもので、市場が転換する早期のサインだ。したがって、このあとの足でこの動きが本物かどうかを確認する必要がある。

インサイダーも弱さの現れを見て、次なる動きを計画し始める。

首吊り線はこのあとの2～3本の足のうちに流れ星が現れ、その出来高が平均を上回るか多ければ、その値動きは本物であることが裏付けられる。首吊り線そのものは強いシグナルではなく、転換が起こる可能性があるという早期のシグナルにすぎない。そこで重要になるのが裏付け作業である。

首吊り線が裏付けられるためには、この水準か、あるいはこの水準の近くでさらなる弱さを示すサインが現れなければならない。こうしたサインが現れればこの足の重要度は増す。例えば、首吊り線のすぐあとで流れ星が現れればそれは絶好の組み合わせで、最初のシグナルの強力な裏付けになる。流れ星が何本かあとの足に現れても、出来高が多ければ、強い確認シグナルになる。

図6.8 ストッピングボリューム

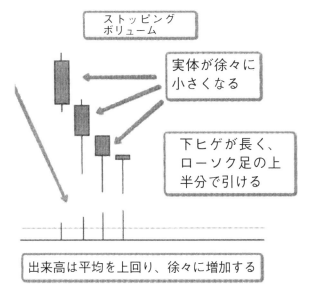

ストッピングボリューム

このローソク足パターンは強さを表す。

これはインサイダーによってブレーキがかけられたときの値動きを表すもので、ストッピングボリュームと呼ばれる。前に何回も言ったように、市場はオイルタンカーのようなものだ。いきなり反転することはない。理由はいろいろあるが、市場は勢いを持ったスーパータンカーのようなもので、ブレーキがかけられても反応するまでに時間がかかる。

図6.8を見てみよう。市場は今強い下降トレンドにある。プライス・ウォーターフォールが発生し、価格は急落している。しかし、インサイダーは下降スピードを緩めたいと思っている。そこで、買いを始める。これは2本目以降のローソク足のヒゲが長くなっていることに現

れているが、実体も比較的大きい。しかし、このシグナルがさらに強まるためには、ローソク足の上半分で引ける必要がある。これには厳密なルールはないが、一般に**図6.8**に示したようなローソク足になる。

ここでは売り圧力が強まり、インサイダーが市場に参入しても、市場の下落を1本の足の時間帯で止めるだけの十分な強さはない。エンジンを切っても、船は数マイルは動き続ける。市場もこれと同じである。市場は上昇速度よりも下落速度のほうが速いことを思い出そう。パニック売りによって動かされている市場の圧力はものすごく大きいのだ。

インサイダーが市場に参入してこの圧力を部分的に吸収するため、価格は若干持ち直し、安値を上回って引ける。したがって、下ヒゲは長くなる。売りは次の足の時間帯に入っても続く。インサイダーは再び参入する。今度は前よりも大量に買う。したがって、価格は安値をはるかに上回って引ける。実体は小さくなる。これは買いが売りを大きく吸収し始めたことを示している。次に現れるのは実体がさらに小さく、下ヒゲの長い足だ。そして最後に、最初のハンマー足が現れる。

図6.8に示した一連のローソク足はストッピングボリュームを示すほぼ完璧な例である。この一連のローソク足が急落のあと発生したのであれば、このあと上方に反転する可能性があるため注意が必要だ。

ストッピングボリュームとは、インサイダーやプロの投資家が市場の下落を止めるために大量の買いを仕掛けたことを意味する。これは強さを表す強力なシグナルであり、弱気トレンドから強気トレンドに反転する可能性が高い。最後の売り圧力が吸収されたあとの買いのクライマックスの前兆とも言える。インサイダーの倉庫はあふれんばかりに満杯になり、売る準備が整う。したがって、私たちも彼らに従って売る準備をしなければならない。

図6.9　トッピングアウトボリューム

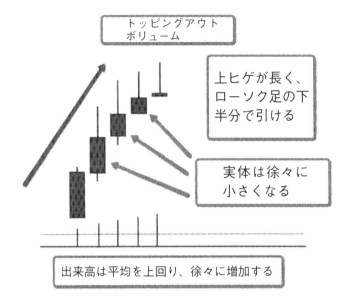

トッピングアウトボリューム

この値動きは弱さを表す。

　ストッピングボリュームが市場のさらなる下落を防ぐものであるのに対し、トッピングアウトボリュームは市場が上昇トレンドに乗って上昇したあと天井を付けることを意味する。

　前にも言ったように、市場はいきなり止まって反転することはない。市場は勢いを持っているからだ。下降トレンドのときは市場の動きが速いため、下げ圧力は強い。しかし、上昇トレンドのときも勢いはある。これは需要を操るインサイダーによって生成されるものだ。トレーダーや投資家は貪欲とイージーマネーを取り逃がすのではないかという恐怖に駆られて市場に飛びつく。出来高は多く、増加している。インサイダーはこれらの需要に応えて売る。トレーダーや投資家が買

うので市場は上昇する。２本目以降のローソク足の上ヒゲが長いのはこのためだ。

インサイダーはこの水準で売り続けるので、市場の勢いを維持するのはだんだんと難しくなる。ローソク足の実体が小さくなり、価格の上昇速度が遅くなると、これらのローソク足は「弧状パターン」を形成する。出来高は平均を上回るか、多いか、極端に多い。

図6.9を見ると分かるように、このパーフェクトなパターンの最後のローソク足は私たちがよく知っている流れ星。市場は今ディストリビューションにあり、これはやがて売りのクライマックスへと発展する。そして、そのあと市場はサイクルの次の局面へと進む。

どんな市場でも、どんな投資対象でも、どんな時間枠でも、重要なのはローソク足であり、ローソク足パターンであり、出来高だ。これらはVPAトレーダーとしてのあなたに注意を促す重大なシグナルだ。ティックチャートであれ、ほかの時間ベースのチャートであれ、どんな時間枠でも大差はない。出来高と価格を分析するだけである。これまで学んできた基本的な原理と、これから学ぶテクニックの使い方を練習すれば、新たに学んだ知識とスキルはどんな市場にも応用することができる。VPAはシンプルでパワフルでどんな市場でも機能する。それに一度学ぶと忘れない。

ローソク足分析にはこのほかにもたくさんのローソク足やローソク足パターンがあるが、前にも言ったように、本書はローソク足を学ぶための本ではない。ここで紹介したローソク足やローソク足パターンは、チャートを見るとき常に注意を要するものだ。これらのローソク足やローソク足パターンはVPAの中核となる「キングピン」のようなものだ。これらのローソク足を理解し、すぐに見つけられるようにしておくことが重要だ。そうすれば、トレードの意思決定を素早く、かつ自信を持って行えるようになる。もっと重要なのは、ポジションを持っているとき、そのポジションを自信を持って保持し、VPA分

析シグナルが手仕舞えと言ったときに手仕舞うようにすることである。

　これからの章では、これまでの知識のうえにさらなるテクニックを積み重ねて、そして最後にリアルタイムチャートからの実例を使ってこれまで学んだことを1つにまとめる。

第 **7** 章
支持線と抵抗線
Support And Resistance Explained

「お金と市場はけっして忘れないが、人間は忘れる。これは今回も次回も、人生におけるいかなるときも変わることはない」──ケネス・L・フィッシャー(1950年～。『ケン・フィッシャーのPSR株分析』『チャートで見る株式市場200年の歴史』[パンローリング]の著者)

　これまでは出来高と価格の「純粋なる」関係に焦点を当ててきた。

　本章では最初の分析テクニックを紹介する。これは私たちがチャートの値動きのどこにいるかを知るためのヒントを与えてくれるものだ。もっと重要なのは、このテクニックはVPA(出来高・価格分析)と組み合わせれば、トレンドが始まろうとしているのか終わろうとしているのかや、市場が保ち合いになるときが分かる。

　例えを使って説明しよう。出来高と価格を家の土台とすると、これから説明する分析テクニックは壁、床、天井、屋根に当たる。つまり、出来高と価格という基礎に対する骨組みということになる。VPAはそれ自体非常にパワフルなものだが、これから説明するテクニックは市場がチャート上で長い旅をしている間の道しるべと考えてもらえばよいだろう。

　おそらくトレードで最も難しいのはポジションを手仕舞うことである。前にも言ったように、仕掛けるのは簡単だが、手仕舞うのは難しい。そこで登場するのがこれらのテクニックだ。これらのテクニックは値動きを解読するのに役に立つものだ。つまり、道しるべということになる。これらの道しるべを理解し、それが伝えるメッセージを読み解くことで、市場がトレンドを形成しようとしているときだけでなく、トレンドがいつ終わるのかも知ることができるのだ。

最初のテクニックは支持線と抵抗線である。これもまた、どんな市場にも、どんな投資対象にも、どんな時間枠にも適用することができるパワフルな概念だ。あなたが日計りのスキャルパーとしてVPAを使おうと、長期投資家としてVPAを使おうと、支持線と抵抗線はチャート上の値動きの最も重要な要素の1つなのである。

　しかし、支持線・抵抗線とVPAは対照的だ。VPAは値動きの「先行」要素を重視し、市場が次にどこに向かおうとしているのかを分析しようというものだが、支持線と抵抗線はすでに起きてしまった過去の値動きに焦点を当てる。値動きの歴史は値動きの「遅行」要素だ。この点がVPAと大きく異なる。

　とはいえ、これら2つを組み合わせることで、市場が長い旅の途中のどこにいるのかを教えてくれる。市場が今、そして将来、どこで小休止し、ブレイクアウトし、反転するのかを教えてくれるのがこれら2つの組み合わせである。トレードの仕掛け、管理、手仕舞いをするうえで、極めて重要な道しるべとなるのである。

　ここで値動きのおさらいをしておこう。市場は上昇するか、下落するか、横ばいになるかのいずれかである。これら3つのうち、横ばいの期間が一番長い。一般に全時間帯のおよそ70％は横ばいで、トレンド相場にあるのはわずか30％である。市場が横ばいになるのにはいろいろな理由があるが、主として3つの理由がある。

　1つ目は、重大なニュースの発表だ。例えば、毎月の米雇用統計の発表前の値動きを見てみよう。ニュース発表前の数時間、市場は狭いレンジで動く。

　2つ目は、市場は売りのクライマックス（インサイダーの倉庫が満杯状態）と買いのクライマックス（インサイダーの倉庫が空）で横ばいになる。

　3つ目は、市場はトレーダーが弱いポジションをつかまされて立ち往生した古い価格領域に入ると横ばいになる。市場がこれらの領域に

図7.1　支持線と抵抗線

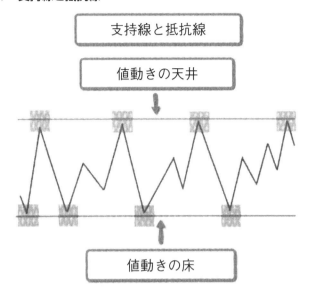

近づくと、投機家や投資家はポジションを手仕舞い、小さな損失で手仕舞いできたことに安堵する。

　図7.1は支持線と抵抗線を示したものだ。市場はこれら２つの領域の間で長期間にわたって横ばい状態になる。この値動きはどんなチャートでも見られる。

支持線と抵抗線

　この値動きを説明するのに私がよく使うたとえ話が、床と天井のある家である。**図7.1**の図では何が起こっているのだろうか。
　まず価格が下落して、そのあと上方に反転。そしてまた下落して、上方に反転する。このジグザグの動きが繰り返され、その結果、図に示したように山と谷とで囲まれた「チャネル」が形成される。この上下に振動する値動きによって、支持線となる床と抵抗線となる天井が

175

形成される。価格が床に達するたびに、目に見えないクッションによって支えられ、そのおかげで市場はそれ以上下落することはなく、再び上昇する。

　価格が支持線の床から再び上昇すると、今度は抵抗線の天井に向かい、そこでまた目に見えない障壁が現れる。この障壁によって価格はそれ以上上昇することはなく、再び下落する。２つのラケットを使ったピンポンゲームのような初期のコンピューターゲームを覚えている人はそれを想像してもらえばよいだろう。ボールが２つの価格水準の間を延々と行き来する。そして、ある時点で価格はこの領域からブレイクアウトする。

　先に進む前に、いくつか重要な点があるので見ておこう。最も重要なのは、なぜこの値動きが重要なのかである。

　例えば、**図7.1**の値動きが長期上昇トレンドのあとで起こったと想定しよう。しかし、これは売りのクライマックスではない。ここでは一体何が起こっているのだろうか。

　最初、市場は上昇する。つまり、買い手が上昇トレンドでまだ買っているということである。しかし、そのあと市場は反転して、下落する。買い手は高い価格水準でワナにはまり、買ったことを後悔する。彼らは弱いポジションをつかまされ、にっちもさっちもいかない状態だ。市場は１回は下落するが、買い手は再び上昇トレンドになったら乗り遅れるのではないかという恐怖感からこの下げた水準で買う。すると、市場は上昇する。市場が最初の反転ポイントに近づくと、弱いポジションをつかまされた買い手は、損失が少なくてよかったと胸をなでおろし、あるいはブレイクイーブンで売る。この売り圧力によって市場は下落し、天井から遠ざかる。しかし、高い水準で弱いポジションをつかまされた第二の買い手グループは立ち往生する。

　そのあと市場は再び床に近づく。すると、これを上昇トレンドへ参入する機会と見て買い手は買う。すると、市場は再び天井まで上昇す

る。第二のトレーダーグループは、小さな損失で、またはかろうじて利益を出して手仕舞う。この値動きの上下動は繰り返される。

　各波の天井では、買い手は弱いポジションをつかまされ、次の波で売るが、波の天井ではさらに多くの買い手が参入し、彼らはまた次の波の天井で売る。買いと売りがほぼ同水準で繰り返され、これによって「目に見えない」バンドが形成されるが、これらのバンドはトレーダーたちが値動きの高値と安値で参加することで目に見えるものになる。

　床で買った買い手は、価格の上昇を期待して持ち続ける。彼らが市場が押した低水準で買ったあと、市場は上昇し、そのあと反転して最初の仕掛け水準まで戻る。天井で買った買い手とは違って、彼らは損失を出すことはない。含み益はゼロか、あるいはほぼゼロになるが、彼らはまだ利益になることを期待している。彼らはまだ恐怖という言葉は知らない。

　床や天井という価格水準に魔法などない。床や天井はこの価格水準と時間における「極度」の心理状態、つまり恐怖と貪欲を示しているにすぎない。忘れてはならないのは、値動きはこの２つの感情によって動かされているということである。これらの感情が最も基本的な形で現れるのが保ち合いである。最初の波の天井では、貪欲が支配的な感情となり、第二の波で市場が下落すると、恐怖と安心感が支配的な感情になる。

波に乗る恐怖と貪欲 ── 上昇トレンドの天井

　図7.2を見ると分かるように、これを感情的な買いと売りで考えると納得がいくはずだ。市場が最初の波の天井に到達したとき、支配的な感情は貪欲と、良いトレード機会を逃すかもしれないという恐怖である。いずれにしてもこれらのトレーダーは弱いトレーダーだ。なぜ

図7.2　上昇トレンドにおける恐怖と貪欲

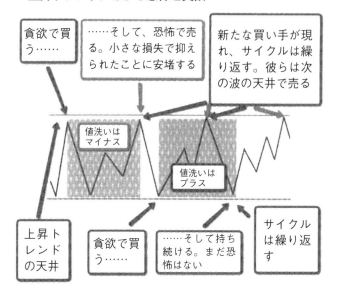

なら、彼らは待ちに待って、市場が上昇し続けるのを見て、良い機会を逃すかもしれないという恐れから買うからだ。彼らは神経質で感情的なトレーダーであると同時に、お金を稼ぐ「黄金の機会」を逃すかもしれないという恐れに駆られている。彼らは市場が上昇するのを見て、もっと早くに買っていればよかったと思っている。結局、彼らは最初の波の天井で買うことになる。

彼らが買うと、市場はいきなり反転する。彼らは損失を出すのではないかと不安になる。市場は下落して、そのあと上昇する。最初の波の底で買い手が参入し、「良い価格」で買ったことを喜ぶ。そのあと市場は2番目の波の天井に向かって上昇する。

最初の波の天井で買った買い手は手仕舞いしたくて仕方がない。今や恐怖は消え、彼らは小さな損失で手仕舞う。この値動きの間、彼らは利益を見ることはなく、損失がかさばるばかりだったが、損失はここでゼロになった。彼らの恐怖レベル──恐怖インディケーターと

言ってもよいが――は、市場が下落すると増大し、上昇すれば減少する。しかし、彼らのポジションは「含み益」になることはない。したがって、このグループは小さな損失で手仕舞いできたことに満足する。

　彼らにとって最悪なのは含み損を抱えることだ。だから、損失が小さいうちに手仕舞いしてしまおうとするわけである。このグループは常に感情でトレードすることに注意しよう。したがって、ポジションを建てるときは常に弱いポジションをつかまされる。したがって、彼らを感情の価格スイングによって操作するのはいとも簡単だ。

　最初の波の底で買ったグループはまったく違った特徴を持つ。彼らは待って、押しで買い、市場を追っかけず、我慢強い。一般に、彼らは経験が豊富だ。

　市場が第三の波の天井に達すると、彼らのポジションは含み益になる。そのあと市場は反転して、仕掛けた水準に戻る。しかし、この間、彼らは含み損という感情に押し流されることはない。波の天井で手仕舞わなかったことを後悔するかもしれないが、再び上昇することを期待して持ち続ける。

　彼らの感情的な反応は最初のグループとはまったく異なる。波の天井に達するたびに買う弱いグループとは違って、彼らが各波で処理すべき感情的プレッシャーは少ない。彼らが処理すべき感情的プレッシャーは、含み益がなくなってしまうという気持ちだけで、含み損を取り戻そうという感情的プレッシャーはない。波の天井で買う買い手は弱いトレーダーだが、波の底で買う買い手は強いトレーダーなのである。これは保ち合いの典型的な値動きだが、これらの領域での値動きを見る最も簡単な方法だ。

　これらの価格帯には、弱い買い手、強い買い手、弱い売り手、強い売り手がひしめき合っている。この限定された領域に参入する買い手と売り手のこの絶え間ない流れによって、目に見えない価格の障壁、

図7.3 下降トレンドにおける恐怖と貪欲

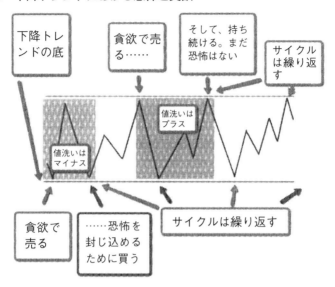

つまり将来的な値動きを判断するうえでの土台が形成されるのである。

下降トレンドの床でも同じようなことが起こるのだろうか。答えはイエスだ。下降トレンドの底でもまったく同じ原理が働く。

波に乗る恐怖と貪欲 —— 下降トレンドの底

この場合も前の上昇トレンドのときとまったく同じである。**図7.3**を見ると分かるように、市場はしばらく下降トレンドにあったので、弱い感情的トレーダーは市場に引き寄せられる。ちょうど市場が反転する直前である。彼らはほかのトレーダーが下落で大きな利益を出しているのを見て、恐怖を振り払い、市場に参入しようと感情的な意思決定をする。

すると、市場は彼らの思惑に反して反転して上昇する。彼らのポジションは負けポジションになる。さらに悪いことに、損失がかさむに

つれて、恐怖は増大する。

　そのあと市場は彼らが仕掛けた水準に戻る。そこで彼らは待ってましたとばかりに手仕舞う。彼らは小さい損失で手仕舞いできたことに胸をなでおろす。

　強いトレーダーは波の天井で売る。市場がトレーディングレンジを上下動している間はポジションは常にプラスだ。

　この場合も、この持ち合い領域は弱いトレーダーと強いトレーダーでひしめき合い、目に見えない障壁が形成され、やがてそれは支持線・抵抗線になる。

　これらの水準がなぜ重要なのかが分かってもらえただろうか。こうした一連の値動きによって目に見えない障壁がチャートのあちこちに形成される。各波の天井と底を水平線で結べば、これらの領域は目に見えるものになる。これらの領域は買い手や売り手が大勢つかまっている場所だ。したがって、価格がこれらの領域に近づくと、市場は一時停止してこれらの領域を「試す」。これについてはこのあとで説明する。

　市場はこれらの領域で小休止するが、再び元のトレンドの方向に動き出すときも同じく重要だ。これらのいずれも私たちにとっては重要なシグナルだ。詳しくはこのあと見ていくが、いずれも出来高によって裏付けられるものだ。その前にこの分析テクニックを使うときの基本的な原理について見ておきたい。

原理1

　これらの価格帯の天井と床に引くラインは鋼鉄のような棒ではなく、柔軟性のあるゴムバンドのようなものと思ってもらいたい。テクニカル分析とVPAはアートであって、科学ではないことを思い出そう。これらの水準は障壁を形成するが、固い壁ではなく、ときにはブレイ

クされても再びチャネルに戻ることもある。これらの水準は「弾力性」のある柔軟なものと考えてもらいたい。

原理２

ワイコフの２番目の法則である原因と結果の法則を常に思い出そう。原因が大きければ、それは結果に反映される。これは支持線と抵抗線についても言える。狭いレンジでの保ち合いが長ければ、市場が一度この領域から離れると値動きも大きなものになる。これらはすべて相対的なものだ。日足チャートで数週間にわたって保ち合いが続いていた市場は、トレンドが形成されると保ち合いと同じ期間だけトレンドが続き、５分足チャートで保ち合いからブレイクアウトすると、トレンドは１時間かそこらしか続かない。すべては相対的なのである。

原理３

３番目の原理は初心者は混乱するかもしれない。それは、市場が保ち合いにあるときをどう判断すればよいのか、というものだ。これはあとから見ると簡単に分かるが、リアルタイムでは分からない。保ち合いは「起こった」あとでしか分からないのである。

ここで重要になるのが孤立したピボットハイとピボットローという概念だ。ピボットハイやピボットローを自動的に見つけるインディケーターはあるが、これは目で見れば簡単に見つけられる。

孤立したピボット

保ち合いの始まりを決定づけるポイントがピボットハイとピボット

図7.4 孤立したピボット

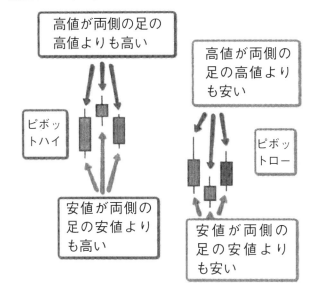

ローである。ピボットを理解する最も簡単な方法は、市場が上昇トレンドで上昇していると仮定すると、チャートに孤立したピボットハイが現れたら、市場が弱まる最初のサインであると考えることである。ピボットは**図7.4**に示したように、3本のローソク足による反転によって定義される。それが3本のローソク足による反転であるとみなされるためには、真ん中のローソク足の高値と安値は両側のローソク足よりも高くなければならない。これがピボットハイパターンだ。ピボットが1つ現れただけでは、その時点で保ち合いになるかどうかは分からない。この時点で言えることは、短期的な反転の可能性があるということだけである。

次に、孤立したピボットローを見てみよう。3本のローソク足のパターンがあって、真ん中のローソク足の高値と安値が両側のローソク足よりも低いときがピボットローになる。これは**図7.4**に示したとおりである。

図7.5　保ち合いの入り口──上昇トレンド

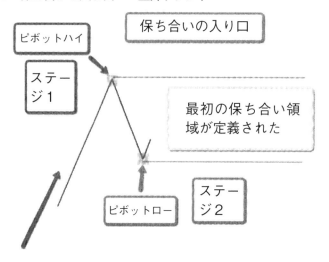

ピボットハイとピボットローがチャートに現れたら、ピボットハイとピボットローから水平線を引いて、保ち合い領域の天井と床を決定することができる。ピボットハイが天井で、ピボットローが床だ。この簡単なローソク足パターンは保ち合いの開始を教えてくれるだけでなく、上の水準と下の水準も教えてくれる。これを保ち合いの入り口と言う（**図7.5**を参照）。

同じことは下降トレンドでも言える。ピボットローで反転して、そのあとピボットハイが現れる（**図7.6**を参照）。

ピボットローとピボットハイが現れたら、保ち合い領域の天井と床が明確に定義される。天井と床の価格水準にこのあともピボットポイントが現れたら、この領域はより確実なものとなる。次は何が起こるのだろうか。

ある時点までいくと市場はこの領域からブレイクアウトする。今のトレンドが継続するのか、反転するのかを見極めるために私たちが待っていたのがこのブレイクアウトである。

図7.6　保ち合いの入り口――下降トレンド

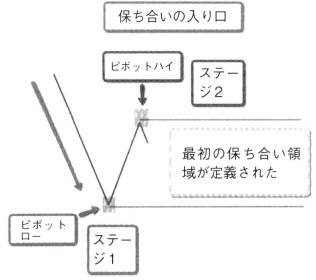

　しかし、保ち合いの間も、市場の弱さ・強さを確かめるために、私たちはVPAの知識を使って常に手掛かりやシグナルを探す。さらに、もし保ち合いが買いのクライマックスや売りのクライマックスの結果として形成されたのであれば、これは明確なシグナルになる。

　しかし、保ち合いに入ってから常にウオッチしているシグナルは、ブレイクアウトが発生し、市場がこの領域から大きく離れていくことを示す出来高である。すでに見てきたように、保ち合い領域は弱いポジションをつかまされて立ち往生しているトレーダーたちでいっぱいの領域だ。したがって、この領域からブレイクアウトするには出来高が、しかも大量の出来高が必要になる。こうした価格領域からブレイクアウトするときに出来高を伴わないとき、それはインサイダーによる典型的なワナであり、これを「ダマシ（フェイクアウト）」と言う。

　インサイダーはトレーダーたちをもう一度間違った側でワナにはめ

ようとしているのであって、直近の保ち合い領域からのブレイクアウトは彼らの典型的な戦略なのだ。こうしたダマシの動きに気づくのは、上昇や下落に伴う出来高をしっかり見ているVPAトレーダーのみである。これらの価格領域が重要なのはこのためだ。理由は3つある。

第一に、今ポジションを持っていて、自分たちの思惑どおりの方向にブレイクアウトしたことを確認したら、それはその動きが継続することを示す明確なシグナルになる。したがって、私たちは自信を持ってポジションを保持することができる。

第二に、ポジションを持っていない場合、ブレイクアウトが出来高によって裏付けられれば、これは素晴らしい仕掛けシグナルになる。

第三に、既存のポジションを持っていて、トレンドが持っているポジションとは逆方向に反転したら、それは手仕舞えという明確なシグナルになる。

市場がこれらの領域からブレイクアウトしたら、将来的な価格領域の土台ができたことになり、これがやがては支持線と抵抗線になる。支持線と抵抗線は、チャートの値動きに基づいてポジションを手仕舞う目標を与えてくれるという意味で極めてパワフルで、役に立つ。前にも言ったように、仕掛けは簡単だが、手仕舞いは難しい。支持線と抵抗線は、市場が揉み合ったり、反転したり、支持されている場所が目で見て分かるため、ポジションの効果的な管理に役立つ。

市場が保ち合い領域を抜けたらどういったことが起こるのだろうか。

図7.7は保ち合い領域を抜けたときに見られる理想的な状況を示したものだ。この場合は、上へのブレイクアウトだ。これは最近まで続いていた上昇トレンドの継続（市場が小休止したあと、再び元のトレンドの方向に動く）か、トレンドが転換したかのいずれかだ。いずれだろうと大した問題ではない。重要な点は同じである。

まず第一に、保ち合いを本当に抜けたことを確認するには、価格が天井を「はっきり上回っている」必要がある。前にも言ったように、

図7.7　保ち合いからのブレイクアウト——上昇トレンド

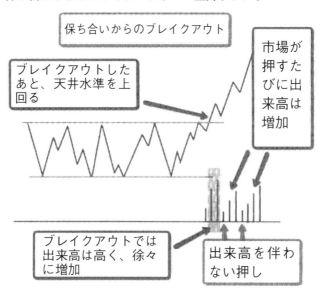

　これらのラインは鋼鉄の棒ではなく、柔軟性のあるゴムバンドだ。したがって、市場が数ポイント天井を上回ったり下回ったりしただけでは、ブレイクアウトが発生したとは言えない。終値が確実に天井を上回る必要がある。では、どれくらい「はっきり上回る」ことが必要なのだろうか。これは私がよく聞かれる質問だ。残念ながらこれには厳然たるルールはない。これは判断や経験、それに市場や投資対象によっても異なる。市場や投資対象はそれぞれに特有の値動きとリスク特性を持つからだ。しかし、天井レベルを最後にブレイクした終値と天井レベルの間には「はっきりと目に見える」ギャップがあることが必要だ。これがブレイクアウトしたことを示す最初のシグナルになる。２番目のシグナルが出来高だ。
　図7.7に示したように、最初に天井レベルまで上昇するとき、出来高は徐々に上昇していく必要がある。だれかを泥沼から引きずり出す

ためには努力が必要であるように、市場が一定水準から離れていくのにも努力を必要とする。これは次のいくつかの出来高に反映される。そうでない場合、それはインサイダーによるダマシの上昇、あるいは市場参加者が市場を上昇させることに関心がないかのいずれかだ。

これが本物の動きなら、最初にブレイクアウトしたときの出来高は平均を上回り、徐々に増加していくはずだ。そして市場は最終的には足かせを振り払い、トレンドを形成する。この時点では、市場が上昇していくときに押して天井を試しても驚くことはないが、そのとき出来高は少なくなるか、減少する。そのあと市場が再び上昇すると、出来高は増加する。これがはっきりしたら、次はVPAの出番だ。トレンドの形成に伴って、ローソク足ごとの分析を行う。

下降トレンドのときも同じ原理が成り立つ（**図7.8**を参照）。この場合も、これが下降トレンドの継続なのか、あるいは上昇トレンドから下降トレンドへの反転なのかは大きな問題ではない。唯一の違いは、この場合は保ち合いの天井ではなく、床をブレイクしているということである。

前と同じように、このブレイクアウトも明確でなければならない。つまり、ブレイクアウトに必要な努力を反映するように、出来高も平均を大きく上回る必要があるということである。この場合も、下落途中で戻して床を試しても驚くことはないが、このとき出来高は少ない。そのあと市場が再び下落すると、出来高は増加する。覚えておいてほしいのは、下落の動きが本物なら、出来高は増加しなければならないということである。

保ち合い領域の重要性はいくら言っても言いすぎることはない。保ち合いからはいろいろなことが分かるため、これは値動きの基本の1つであり、多くのトレード機会を与えてくれる。ブレイクアウトでのみトレードするトレーダーもいるほどだ。

ブレイクアウトをトレードするには、ピボットを使って保ち合い領

図7.8　保ち合いからのブレイクアウト──下降トレンド

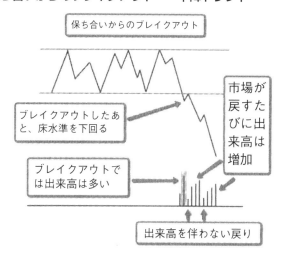

域を特定し、次にVPAを使って値動きをチャート化し、ブレイクアウトが出来高によって本物であることが分かったら、ポジションを建てる。

　支持線と抵抗線が価格分析の基本の１つであることもいくら言っても言いすぎることはない。私がこれまでに話をしたフルタイムトレーダーはみんなこの概念を使っている。

　保ち合いを理解したら、次はこれを応用してみよう。

　これは仕掛けポイントを特定するのに使うことができる。また、ポジションの管理にも使え、最終的にはポジションを手仕舞うときの目標を決めるのにも使うことができる。一言で言えば、これは最もパワフルなテクニックで、VPAと組み合わせることで、ほとんどのトレーダーが理解できない値動きの本質を見抜くことができる。これはトレンドが生まれる場所でもある。市場が保ち合いに入るとイラつくトレーダーが多いが、実はこれは最もエキサイティングな局面の１つである。問題は、我慢強く待つことができるかどうかである。市場はや

がて保ち合い領域からブレイクアウトし、新たなトレンドが形成される。トレンドがどれくらい続くかは、原因と結果の法則によって決まる。

本章を締めくくるに当たり、支持線と抵抗線をまとめておこう。これは保ち合いの知識のうえに成り立つものである。支持線と抵抗線のたとえ話でよく使うのは家である。保ち合い領域の上のレベルと下のレベルを表すのに天井と床という言葉を使ってきたのはこのためだ。

支持線と抵抗線 ── これは家

図7.9は家の鉛直断面図を示したものだ。つまり、フロント部分を取り除いた人形の家のようなものを想像してみてもらいたい。家のすべての床と天井が見えているはずだ。1階の床があり、2階の床があり、3階の床があり、そして屋根がある。

黒いラインは1階から屋根まで上昇して、再び下落する市場を表している。家のなかを上ったり下ったりする動作で支持線と抵抗線の概念を説明してみたいと思う。

市場は1階の床から上昇し、1階の天井に到達する。そこで保ち合いに入る。天井は価格がそれ以上上昇しない抵抗線を表す。しかし、ある時点で天井はブレイクされ、2階の床まで上昇する。ここで、1階の天井が2階の床になる。つまり、抵抗線だったものは支持線に変わるということである。

市場はさらに上昇し続け、2階の天井に達する。ここで再び保ち合いになる。そしてついに2階の天井をブレイクし、3階の床に達する。ここで、2階の天井だった抵抗線が、3階の床になって支持線に変わる。

市場はさらに上昇を続け、3階の天井に達する。ここでの抵抗線は非常に強く、市場は反転する。3階の天井は強固なので、この障壁に

図7.9 支持線と抵抗線——家

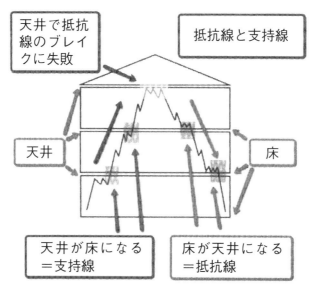

よって価格はこれ以上上昇することはできない。

　そのあと、市場は反転して下落し、3階の床まで戻り、そこで保ち合いになる。そのあと床をブレイクして、2階の天井をブレイクして2階の床まで下落する。上昇するときと逆の動きになるわけである。床で表される支持線は、天井で表される抵抗線に変わる。

　市場が2階の床をブレイクすると、床で表されていた支持線は天井で表される抵抗線に変わり、最後に市場は1階の床まで下落する。

　しかし、なぜこの概念は重要なのだろうか。

　支持線と抵抗線の概念が重要な理由はいろいろある。第一に、すでに見てきたように、保ち合いからのブレイクアウトは出来高によって本物かどうかが確認され、本物であることが確認されたら、素晴らしいトレード機会を与えてくれるからである。いわゆるブレイクアウトトレードである。

第二に、このアプローチに人気があるのは、その戦略に支持線と抵抗線の概念を内包しているからである。これらの領域を見極め、それを戦略の一部として使うことで、あなたは事実上、値動きをあなたのポジションを保護するのに使っていることになる。分かりやすく言えば、ブレイクアウトを使ってトレードすると、市場は自然な障壁を作ってくれるため、トレンドの発展に伴って市場の方向が突然変わってもポジションを保護できるということである。

　私たちの「家」の例に戻ろう。2階の天井に近づくと、保ち合いになり、そのあと市場は小休止して天井をブレイクする。ここでは支持線という「自然な床」が形成されるため、市場が小休止したあとその領域の価格を試すために押したとしてもポジションは保護される。この床は私たちにとって自然の保護膜のようなものだ。VPAを学習したので、この領域まで戻ってここを抜けるには努力と出来高を必要とすることを私たちは知っている。支持線という自然な領域が私たちに有利に働いてくれているわけである。床は押したときに私たちを保護してくれるだけでなく、上昇が続くことを支持する役割も果たす。

　これは良いことづくめだ。市場が抵抗線の天井をブレイクしたら、それは今度は支持線の床になるだけでなく、この領域を短期的に試したときに私たちを保護してくれる障壁にもなるわけである。例えば、損切りは保ち合いの下のほうに入れる。ブレイクアウトトレードが人気があるのはこのためでもあり、VPAを組み合わせればもっとパワフルなものになる。

　市場が下落するときも同じ原理が成り立つ。私たちの「家」の例は上昇トレンドの例だったが、下落トレンドでも同じである。

　市場が屋根から反転するところから始めよう。3階の床に近づくと、市場は保ち合いになり、そのあと2階の天井をブレイクして下落する。支持線だった床は今抵抗線の天井に変わり、2つのことを提供してくれる。1つは、戻りに対する抵抗となり、下落のプレッシャーを高め

る。もう1つは、戻りが発生したときに備えて保護してくれる自然な障壁を形成する。

ブレイクアウトトレーダーにとってこれは願ったりかなったりの状態で、この場合は売りサイドに対して有利な状態だ。

値動きの発展に伴いポジションを建てるときにこの概念を使えば有利になるが、そのパワーは市場が残していった値動きの歴史のなかにも存在する。市場はDNAを残す。それはチャートに埋め込まれている。この保ち合い領域はチャートに永遠に残る。価格が移り変わっていっても、これらの領域は残り、将来のある時点で再びこの領域に戻ってくる。このときに、長い間眠っていたこれらの領域は息を吹き返す。そこで、市場は記憶を持つのかという疑問が湧いてくる。

あるいは、私たちは同じチャートを見ているので、これらの価格領域は自己達成的予言を持っているという意味なのだろうか。あるいは、これらの領域は弱いトレーダーでひしめき合い、彼らは小さな損失あるいは小さな利益で手仕舞いできることを期待して、ポジションを持ったまま反転を待っているという意味なのだろうか。

おそらくはこれらのすべてだろう。理由はどうであれ、これらの領域は市場が繰り返し訪れる領域なので、値動きにおいて非常に重要な役割を果たす。保ち合いの延長領域ではその影響はさらに大きなものになる。

もう一度、家の例に戻ろう。この例では、3階の天井（抵抗線）のブレイクに失敗している。この失敗はおそらくは、同じ領域で以前に保ち合い領域が持続したことと、過去にこの水準で失敗したことが原因だろう。もし以前にこの水準で失敗していたら、再びこの水準で失敗する可能性がある。結局、失敗には理由があったのである。これは何年も前の売りのクライマックスだった可能性もあり、以前は買われ過ぎと考えられた水準が、今では適正価格になっている。

とはいえ、これは重要な水準であり、出来高はこのあとの値動きの

裏付けに必要な手掛かりを与えてくれる。もしこれが以前は失敗して反転した昔の保ち合い領域で、今回は天井のブレイクに成功したのであれば、これは上昇を支持する重要な水準になる。同様に、失敗すれば極端に弱い市場になることが予想される。

　これが支持線と抵抗線の威力である。支持線と抵抗線は重要な役割を果たす保ち合い領域の前兆を示すものだ。これらは市場に刻まれたDNAである。その歴史と人生が融合し、市場が上昇しようと下落しようと、常に同じように機能する。ここに示した例では、市場は抵抗線から反転したが、同じくらいパワフルなのが、市場が下落しているときの昔の支持線領域である。これらの領域は自然な支持線となり、市場がそれ以上下落するのを防ぐ。上昇相場と同様、もしこれらの領域が広くて深ければ、これらの領域は重要性を増す。過去にこの水準で大きな反転があった場合はなおさらだ。

　保ち合い領域の形やサイズはいろいろで、すべての時間枠で発生する。株価指数は何日も、何週間も狭いレンジで動くことがある。通貨ペアは何カ月も横ばいが続くことがある。債券は狭いレンジで動くことが多い。今の金融危機では特にそうだ。また、株式は何カ月も動かない状態が続くこともある。

　しかし、保ち合い領域は数分、あるいは数時間しか続かないこともある。しかし、基本的な概念は同じである。VPAトレーダーとして私たちが忘れてはならないことは、原因と結果は密接な関係にあるということである。5分足チャートの保ち合い領域は日中トレーダーに支持線と抵抗線を教えてくれるだけでなく、ブレイクアウトのトレード機会も与えてくれるが、長期的にはほとんど影響はない。しかし、同じ投資対象の日足チャートで深い保ち合いが現れた場合、天井や底をブレイクするとそれは重要な意味を持つ。

　これは複数のチャートと複数の時間枠を使ってトレードするもう1つの理由でもある。5分足チャートの保ち合いは15分足チャートや1

時間足チャートの保ち合いに比べるとそれほど重要ではない。つまり、ほかの条件が一定なら、保ち合い領域は時間枠が長いほど重要度は増すということである。

　支持線と抵抗線はそれだけでもパワフルな概念だが、VPAと組み合わせれば、あなたのトレードにとって中核をなすものになるはずだ。

第8章
ダイナミックトレンドとトレンドライン
Dynamic Trends And Trend Lines

「損失を出したのは運が悪かったからではなく、分析の仕方が悪かったからだ」──デビッド・アインホーン(1968年〜。『黒の証券』[パンローリング]の著者)

　本章ではトレンドとトレンドラインについて説明したいと思う。「トレンドと友だちになれ」と言う言葉は聞いたことがあると思うが、これは私に言わせれば意味のないたわ言だ。

　これはメンターやコーチを装う人々が彼らの生徒を洗脳するためにオウムのように繰り返す呪文のようなものだ。横ばいはあとから見るとだれでもそれと分かるように、トレンドについても同じことが言える。このことわざを引用する人は、私が思うに、実際のトレード経験はほとんどない。彼らはいくつかの線を引いて素晴らしいトレンドを示す。そして、ここで仕掛けて、トレンドが続いている間は持ち続け、トレンドの終わりで手仕舞え、と物知り顔でアドバイスする。過去のチャートを見るとこれがいかに簡単かが分かるはずだ。

　トレンドについて書かれてきたナンセンスを一掃するために、トレンドについての基本から始めたいと思う。まず初めに最も重要な質問をしよう。それは、トレンドがいつ始まったのかをどうやって知ればよいのか、である。

　支持線や抵抗線と同様、トレンドは終わってみなければ分からない、というのが答えだ。これほど簡単なことはない。保ち合いとまったく同じである。対象となる時間枠でトレンドが形成されようとしているのかについて手掛かりを得るには、パラメーターが必要だ。トレーダ

ーとしては、長期にわたって過去を振り返り、チャート上にいくつかの線を引いて、これがトレンドだと言うのは無意味だ。そのころにはすべてとは言わないまでもほとんどのトレンドを見逃し、インサイダーが手仕舞っているときに仕掛けることになる。

　そこで重要になるのがVPA（出来高・価格分析）である。VPAは値動きが本物かどうかを教えてくれ、私たちが今長期トレンドのどこにいるのかを教えてくれる。売りのクライマックスや買いのクライマックスが現れたら、それは新たなトレンドが始まろうとしている合図である。このテクニックを使えば、トレンドラインが示すトレンドの終わりではなく、トレンドが始まったときに仕掛けることができる。私はトレンドラインが役に立たないと言っているわけではない。私が本章で教える正しい方法で使えば、トレンドラインは役に立つ。

　トレンド分析の基礎を築いたのはチャールズ・ダウである。トレンドラインについての彼の中核となる考え方は、１つのシンプルな原理のうえに成り立つ。それは、指数のトレンドは個別株のトレンドよりも多くのことを教えてくれ、役に立つ、というものだ。彼の考え方は非常にシンプルだ。個別株は決算発表、ブローカーの推奨、アナリストの意見といった価格に影響を及ぼす多くの要素の影響を受ける。一方、指数は、個別株よりも幅広い市場センチメントをよりよく表しているため、市場のトレンドを見つけるのにはるかに役立つ。彼が残した多くの言葉のなかで今のテクニカル分析に取り入れられているものの１つが、システマティックリスクとアンシステマティックリスクである。

　システマティックリスクは指数に含まれるすべての株式に影響を及ぼすが、アンシステマティックリスクは１つの市場の１つの株式あるいは株式グループにしか影響を及ぼさない。ダウの功績は株価指数を考案したことである。彼の指数をもとに、今ではS&P500、ダウ・ジョーンズ（DJAI）、ナスダック（NQ100）を初めとする世界中のさま

ざまな指数が作られた。さらに、指数の概念はほかの市場や証券でも採用され、VIXなどのボラティリティ指数、株式のセクター指数、ドル指数（DXY）などの通貨指数、CRBなどのコモディティー指数などの創設に寄与した。市場によっては、指数のほうが、指数の派生元である原資産よりも魅力的なものである場合もある。

ダウの唱えるもう１つの原理は、トレンドは大きく３つに分けられるというものだ。長期トレンド、中期トレンド、短期トレンドの３つである。もちろん彼の時代はまだティッカーテープが主要なデータソースであり、チャールズ・ダウや彼の時代以降の伝説的トレーダーにとって、時間枠は今日のものとはまったく違ったものだった。例えば、短期トレンドは２～３日続くトレンドで、中期トレンドは２～３週間続き、長期トレンドは２～３カ月続くトレンドだが、電子チャートでは期間はこれよりもはるかに短い。日計りのトレーダーにとって、短期トレンドは２～３時間続くトレンドで、中期トレンドは２～３日、長期トレンドは２～３週間続くトレンドだ。こちらのほうがより現実的だ。多くの市場にとって数カ月以上続くトレンドはほとんど過去のものである。市場は私たちが認識する以上に大きく変わっている。超高速トレード、市場操作、電子取引への移行などはその良い例である。

とはいえ、ダウのパイオニア的な仕事は私たちに基本的な考え方を教えてくれる。興味深いのは、ダウはトレンドについてのアイデアを構想しているとき、以下に示すトレンドの３つの段階を取り入れていることである。

1．アキュミュレーション（買い集め）
2．テクニカルなトレンドフォロー
3．ディストリビューション（売り抜け）

これには見覚えがあるはずだ。そう、リチャード・ワイコフが創案

図8.1　上昇トレンドで上昇

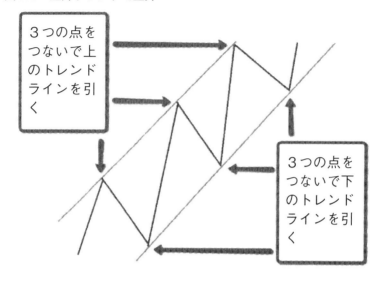

して広めた、インサイダーが倉庫を満杯にしたり空にしたりするときのサイクルである。チャールズ・ダウはインサイダーを「スマートマネー」と呼んだ。ディストリビューションは「スマートマネー」が「出口」と書かれた標識へと向かい、利食いするときである。

　さてここで、標準的なトレンド分析から離れて、これを少し違った角度から見てみることにしよう。リアルタイムでトレードするとき、本に出てくるナンセンスな理論よりも少しは役立つのではないかと思う。トレンド分析を図で示せばおおよそ**図8.1**のようになる。

　これはトレンドを示した図だ。市場は段階的に上昇している。3段階まで上昇すると、上と下のトレンドラインを引くことができ、これによって明確なチャネルが定義される。ほとんどの教科書には、2つの点を使ってトレンドを定義することは不可能だと書いている。なぜなら、2つの点だけでは解釈がいろいろできるため、トレンドラインを引いても無意味だからである。トレンドラインを引くときには3つ

の点が出現するまで待たなければならないのはこのためだ。

　価格が上昇するとき、高値と安値が切り上がり、山と谷が形成され、価格が下落するとき、高値と安値が切り下がる。

　トレンドが形成されたので、仕掛ける準備が整い、あとはこのトレンドがさらに発展するのを待つだけである。理論的にはこうなるが、残念ながら、高値が3回切り上がり、安値が3回切り上がるころにはトレンドはクライマックスに達している。すでにテクニカルなトレンドフォローは終わり、ディストリビューションの始まりで買うしかない。

　あなたはおそらくは実際にトレードや投資をしたことがない人によって書かれたたくさんの教科書を読んできたことだろう。それは理論にすぎない。前にも言ったように、あとから見るのは簡単で、トレンドがこれほどしっかりと形成されてからでは、もはや何の役にも立たない。

　では、どうすればよいのか。この鍵を握るのが支持線と抵抗線である。支持線と抵抗線について前章で細かく説明したのはこのためである。

　支持線と抵抗線はトレンドが生まれる場所であり、トレンドが反転し方向を変える場所だ。またアキュミュレーションとディストリビューションが発生し、売りのクライマックスと買いのクライマックスが発生する場所でもある。チャートのなかで最も重要な領域が支持線と抵抗線なのである。これは川上の産卵場所のようなもので、サケが産卵するために戻ってくる場所である。

　トレーダー、投資家、投機家たちは常にこの領域を意識する必要がある。これはトレンドの始まりなのか。もしそうなら、トレンドの強さは？　そしてそのトレンドはどこまで続くのか。これを知るには、VPAの文脈のなかで支持線と抵抗線を理解する必要がある。

　ほかのやり方でやれば失敗するのがオチだ。チャート上にいくつか

線を引いても無意味である。チャート上に線を引けばトレンドが少しは分かるかもしれないし、トレンドが始まれば少しは役に立つかもしれない。しかし、強いポジションを持つという意味では、まったく役に立たない。

ここで基本に戻って、保ち合いを再び考えてみよう。保ち合いでは市場は横ばいになり、価格を支持する床と天井が形成される。市場はブレイクアウトする準備をしている。ここで私たちがやるべきことは、我慢強く待って、ブレイクアウトが本物であることを出来高を使って確認することである。この時点で、トレンドがどこまで行くのかをどうやって知ればよいのだろうか。はっきり言ってこれを知る方法はないが、手掛かりはいくつかある。

1つ目は、保ち合いの期間である。ここでワイコフの原因と結果の法則を思い出そう。これはトレンドが長期トレンドになるのか、中期トレンドになるのか、短期トレンドになるのかを教えてくれるものだ。日計りのスキャルパーにとって、トレンドとはほとんど短期トレンドのことだが、これはもっと大きな時間枠の長期トレンドの一部である可能性もある。この場合、スキャルパーは長い時間枠の支配的トレンドのなかでトレードすることになる。つまり、スキャルパーがトレードしている短期トレンドは長期トレンド（例えば、1時間チャート）と同じ方向にあるということである。

複数のチャートを使ってトレードするのが非常にパワフルなのはこのためでもある。これは私たちが今トレードしているトレンドを見極めるのに役立つ。しかし、どのような時間枠であっても、支配的なトレンドに逆らってトレードしても何も問題はない。例えば、株式市場の支配的なトレンドが上昇トレンドであったとしても、売りの機会がないとは言えない。私たちが「支配的なトレンド」に逆らってトレードしていることを認識しているかぎり問題はない。このタイプのトレードは「カウンタートレンドトレード」と呼ばれている。このタイプ

のポジションには2つの重要なポイントがある。

1つは、「市場の流れ」に逆らってトレードしているわけだから、これはリスクの高いポジションであるという点だ。もう1つは、長期の支配的なトレンドに逆らってトレードしているわけだから、こういったポジションの保有期間は短くなる傾向があるという点だ。

保ち合いでは、VPAトレーダーの私たちは出来高を常に2つの観点から分析する。1つは、横ばいの値動きの出来高を見て、それが売りや買いのクライマックスに発展して、大きな反転につながるのかどうか、もう1つは、ブレイクアウトのあとの出来高と値動きである。これはトレンドがどこまで続くのかについての手掛かりを与えてくれる。これはまた、短い時間枠で出来高と値動きを見ると同時に、長い時間枠で小休止ポイントとなる潜在的な支持領域と抵抗領域を分析することでも確認することができる。

まず最初に注目すべき点は、市場が保ち合い領域から離れていった直後の値動きである。これはピボットハイとピボットローを使って保ち合いの入り口を見つけ、保ち合い領域の水準を見極めた方法に似ている。これによって私たちは何をすべきかがはっきりする。前の値動き（どういったものであれ）は今小休止状態にある。ピボットはこの小休止に注意せよと私たちに警告する。なぜなら、この小休止は長く続く場合もあり、その場合、この水準はさらなるピボットによって上昇することもあれば下落することもあるからだ。あるいはこの小休止は一時的なものかもしれない。あるいは、そこから反転するかもしれない。その場合、大きなVPAアクションが発生する可能性がある。あるいは、前のトレンドが継続するかもしれない。どうなるかは、ここから保ち合い領域に入り、天井と床が形成されれば明らかになるはずだ。しかし、ある時点までいくと市場はブレイクアウトする。ここで再びピボットが重要な役割を担う。ただし、今回はトレンドを見極めるのに使われる。トレンドが見極められれば、高値や安値の切り上

図8.2　最初の目印——ピボットハイ

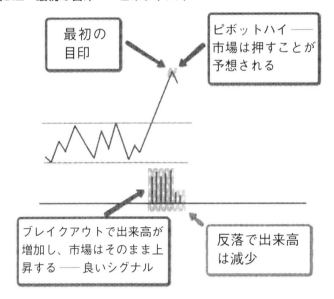

げ（あるいは高値や安値の切り下げ）を待つことなくポジションを建てることが可能になる。

　図8.2は上方へのブレイクアウトの例を示したものだ。

　図8.2を見ると分かるように、市場はこれまで保ち合いにあったが、出来高を伴ってブレイクアウトした。分析によってこれが本物の動きであることを確認した。今はトレンドが形成されるというシグナルを待っている。市場が上昇し、出来高も増加していることがトレンド形成のサインとなる。したがって、ここでポジションを建てる。

　次は最初の目印を探す。前の第7章の保ち合いの入り口のケースと同じように、目印はピボットだ。今は上昇トレンドにあるので、私たちが探しているのはピボットハイである。

　ご存知のように、市場はまっすぐに上昇したり下落したりするわけではない。ピボットは反転の最初の目印になる。あるいは、ブレイク

図8.3　ピボットの形成

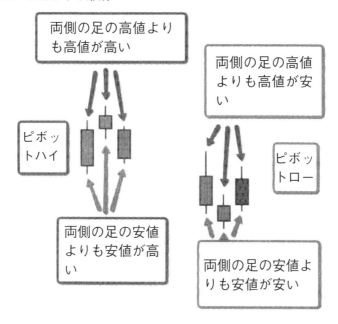

アウトしたときにトレンドがどこまでいくかを知る手掛かりになることもある。ピボットハイとピボットローは**図8.3**に示したように3つのローソク足で構成される。

　今、価格が上昇していくときの最初の参照点が見つかった。これはピボットハイなので、このあと市場は反転して下落することが分かる。これは大きな反転になる可能性もあるが、この段階でははっきりしないので辛抱強く待つことが必要だ。出来高は減少している。これは良いサインだ。しばらくすると市場は動きを止め、上方に反転する。ここでピボットローが形成される。これが価格が上昇していくときの2番目の目印になる（**図8.4**）。

　次第に値動きの展開がはっきりし始めた。今ポジションを建てているので、出来高によってこれが本物の値動きであることが確認され、

図8.4　2番目の目印──ピボットロー

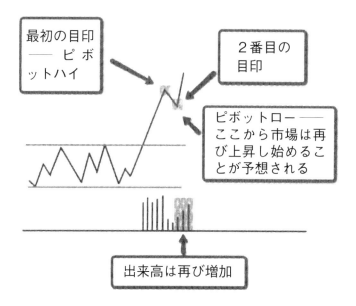

　市場がこのまま上昇していけば、すべてうまくいく。
　今形成されているピボットポイントは価格がどう展開していくのかを教えてくれる目印であり、トレンドの境界線を定義するものでもある。事が起こったあとで引くトレンドラインとは違って、ピボットポイントは動的で、値動きの最中に形成される。ピボットポイントが徐々に上昇あるいは下降していけば、トレンドが形成されつつあることが分かり、これが出来高によって確認できれば、ポジションを保持することができる。
　先に進んで、さらに2つ以上の水準をチャートに加えていってみよう。原理はまったく同じだ。私たちは市場がピボットローを離れて上昇することを期待している。次の目標地点は2番目のピボットハイだ。これが前のピボットハイよりも高ければ、上昇トレンドにあるということになる。2番目のピボットハイが形成されたら、私たちは市場が

図8.5 ダイナミックトレンドライン──上昇トレンド

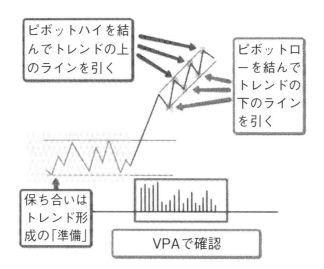

　少しだけ押すことを期待する。ただし、出来高は伴わない。これが次の目標地点である2番目のピボットローだ。

　ピボットローが予想どおり形成される。これが前のピボットローよりも高ければ、市場はこのピボットローから上昇して上昇トレンドが続いていることを示しているため、ポジションは保持したままだ。

　予想どおり2番目のピボットローから市場は上昇する。次の目標は前のピボットハイよりも高い3番目のピボットハイである。これが形成されると、トレンドの上のラインを引くことができる。3番目のピボットハイが形成されたら、このピボットハイから少し押して、3番目のピボットローが形成される。これが前のピボットローよりも高ければ、ポジションを保持し、トレンドの下のラインを引く。

　こうしてトレンドラインを動的に引くことに成功した。それと同時に、VPAと横ばいの保ち合い領域からのブレイクアウトの原理に基づいてポジションは保持したままだ（**図8.5**参照）。

トレンドラインを引く過程は異なるが、結果は同じだ。トレンドラインはトレンドが形成されている最中に引くので、トレンドの終わりではなく、トレンドが始まった時点で市場に参入することができる。

　これらのプロセスはまるで「設定された場面」のようだ。保ち合いが値動きの場面を設定し、値動きが出来高によって裏付けられる。この旅の目玉がピボットだ。ピボットは道路サイドにあるライトのようなもので、私たちが今どこにいるのかをはっきりと示してくれ、それによって私たちはポジションを自信を持って保持することができる。

　ある時点までいくと、前のピボットより低いか同じ水準にピボットハイが形成される。市場が次の保ち合いに入るのがこのときであり、これに続いてピボットローが形成される。このピボットローが前とほぼ同じ水準であれば、次の保ち合いに入ったことになり、分析は続く。このあとさらにピボットが形成され、最終的にはブレイクアウトする、というのが私たちの求めるシナリオだ。ブレイクアウトはトレンドの反転につながるのか、あるいは単なる小休止なのか。下方にブレイクアウトすればそれはトレンドの反転になり、私たちはポジションを手仕舞う。しかし、単なる小休止で、そのあと再び上昇すれば、私たちはポジションを保持し、またダイナミックトレンドラインを引く。

　これまで述べてきたシナリオは、保ち合いからブレイクアウトするときに私たちが期待する教科書どおりの例だが、実際のトレードは教科書どおりにはいかない。ピボットは現れないこともあるのだ。例えば、上へのブレイクアウトでピボットハイは現れないが、ピボットローは現れる、といった具合だ。

　この時点で、VPA分析に基づいてトレンドが予想どおりに形成されているのかどうかを判断する必要があるが、これは勢いは持続しているがトレンドではない、という最初の早期の警告であることもある。一般に、保ち合い領域からいくらかの勢いを持って離れていき、それが出来高によって裏付けられるというのが理想だ。市場の動きが速け

図8.6　ダイナミックトレンドライン──下降トレンド

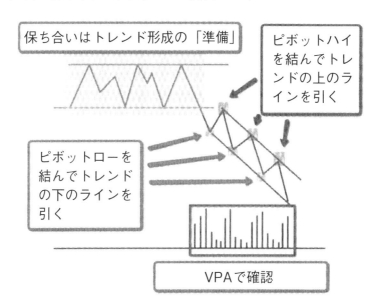

　れば、買い手や売り手も同じように速く動いて、仕掛けたり手仕舞ったりする。これによってピボットポイントが形成される。

　ピボットポイントが現れない場合、それだけでも市場に勢いがないことを示している。これは出来高分析を行えばすぐに分かる。市場は上昇しているが、出来高が平均以下であれば、これはトレンドに勢いがない証拠である。つまり、買い手も売り手も上への動きに参加していないわけであり、したがってトレンドは形成されない。市場にエネルギーはなく、動きもない。これは出来高や値動きに反映される。

　ブレイクアウトでは完璧なシナリオを期待してはならない。ブレイクアウトはいろいろで、モメンタムや期間も異なる。私たちがやるべきことはVPAを使って手掛かりを探すことであり、値動きの展開に伴ってピボットが現れるのを待つことである。もしピボットが論理的なパターンに従わなければ、市場が弱いことを示しており、少し高い

水準で再び保ち合いに入る可能性が高い。

　下降トレンドの場合の値動きとピボットも同じように形成されるが、この場合、最初に形成されるのはピボットローで、そのあとピボットハイが形成される（**図8.6**を参照）。

　それではまとめよう。いわゆる「静的」なトレンドラインを引くことには何の問題もなく、ここでもそれをやってきた。違いは、本章ではトレンドラインは市場の動的な値動きに従って引いたということである。これは教科書で示すのは難しく、市場の展開に伴ってリアルタイムで見ていくのが最もよい。しかし、私がここで説明しようとしたのは、私たちが今どこにいるのかを示す値動き分析のプロセスである。もっと重要なのは、市場が今どこにいるかということである。

　ピボットを動的に作成する。ピボットの作成に伴って、トレンドが形成される。これらのピボットは旅の「中間地点」だ。完璧なものは何一つない。しかし、少なくともVPAを使い、保ち合いの重要さを理解すれば、有利な立場にいることができ、トレンドが終わったあとではなく、始まる前に見つけることができる。これが前の２つの章で私が説明しようとしたことだ。これら２つの章を読むことで、市場の動きや保ち合いの重要さが理解できるようになったはずだ。

　前にも言ったように、市場が保ち合いに入るとイラつくトレーダーが多いが、これは理解に苦しむ。保ち合いは市場が次のトレンドに向けて準備しているときなのだ。これらの領域はトレンドの培養地であり、既存のトレンドよりもはるかに重要だ。なぜなら、ここから新たなトレンドが始まり、私たちは早期の段階でそれを利用することができるからである。これほど簡単なことはない。これらの領域は、売りのクライマックスや買いのクライマックスである場合もあれば、長期トレンドの小休止の場合もある。理由はどうであれ、またどういった時間枠であれ、１つだけ確実なことは、市場はこの領域から離れる準備をしているということである。市場は段々と勢いを増し、やがてブ

レイクアウトする。私たちがやるべきことは、我慢強く待って、ピボットで旅の道を照らし、そのあとの値動きにVPAを適用することである。

第9章
ボリューム・アット・プライス
Volume At Price(VAP)

「強気相場では強気筋になり、弱気相場では弱気筋になれ」――チャールズ・ダウ(1851年～1902年)

　本書の冒頭で、トレードには新しいことは何一つなく、出来高分析は1世紀以上にわたって使われてきた、と言った。今日のVPA（出来高・価格分析）の基礎を築いたのは、たぐいまれなテープリーディングスキルを持つ伝説的トレーダーたちだった。

　実はこの言葉は完全に正しいわけではない。本章では出来高分析の最新の研究の1つを紹介したいと思う。これによって出来高分析とVPAはもうワンランク上に行くことができる。これはボリューム・アット・プライス（VAP。価格帯別出来高）と呼ばれるものだ。

　これはどういうものなのだろうか。そして、VPAとどう違うのだろうか。まず最初に、VAPを理解するうえで一助となる簡単な概念を紹介したいと思う。ここで、卸売業者の話に戻ろう。彼は売る商品が1つ入った倉庫を持っている。卸売業者（あるいは何かを売る人）は常に販売利益を最大にすることを考えている。これの最も簡単な方法は、「市場を試す」ことである。

　これは会社がいつもやっていることだ。商品をある価格で売って、売上数量を記録する。次に、価格を上げたり下げたりして、また売上数量を記録して観察する。価格を上げても販売量が落ちなければ、利益は自動的に増えていく。

　価格を徐々に上げていくと、ある時点で売上数量が減少し始める。

図9.1　売上数量と価格の関係

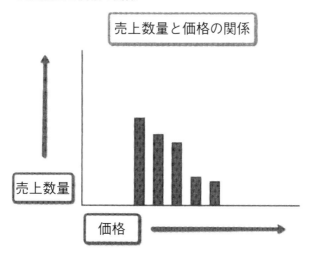

買い手が高すぎると判断して、買わなくなるからだ。すると卸売業者は価格を下げる。すると、売上数量は再び増える。

　これを棒グラフで表すと、価格と売上数量の関係は**図9.1**に示したようなものになる。

　X軸が価格で、Y軸が売上数量を表している。予想どおり、価格が上がれば、売上数量は減少する。いつもこうなるとは限らないが、一般にはほとんどの市場ではこうなる。ポイントは、これは価格に対する売上数量の「マップ」ということである。つまり、価格の変化に伴った売上数量の変化を視覚的に見ることができるということである。これがVAPである。普通の出来高の足を見るときは1つの足しか見ないが、そのなかで価格はいろいろに変化している。1つの出来高の足は、その足のなかでいろいろに変わる価格の出来高をトータルしたものである。この出来高の足からは、どういった価格でどれくらい買われたのかは分からない。このグラフを90度回転させたものがVAPである。これを示したものが**図9.2**である。

図9.2　売上数量と価格──90度回転

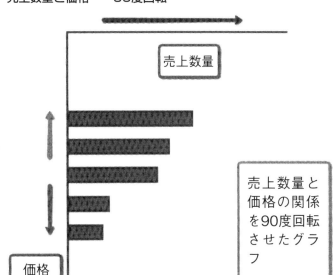

　VAPの原理が分かってきたはずだ。これは読んで字のごとく（ボリューム・アット・プライス）である。市場の上昇や下落に伴うそれぞれの価格水準での出来高──これがVAPだ。これはそれぞれの価格水準での買いの出来高と売りの出来高の累計をヒストグラムにしたものである。VPAで使った出来高の足を分解したものと思ってもらえばよいだろう。要するに価格別の出来高を記録したものである。

　VAPは出来高がどの価格帯で多いかを見るためのものだ。上のほうに出来高が集中していれば、それは売りの出来高よりも買いの出来高のほうが多いことを示しており、逆に、下のほうに出来高が集中していれば、買いの出来高よりも売りの出来高のほうが多いことを示している。VAPでは従来の出来高の足とは違った観点で市場を見ることができる。それぞれの価格水準での売買がどれくらいかが分かるため、市場の勢いだけでなく支持線・抵抗線を探すのに役立つ。

そして、最も重要なのは次に述べる点である。

それは、VAPはVPAに代わるものではなく、VPAを強化するものとして利用することができるということである。このあと分かってくると思うが、VAPがVPAと異なるのは、買いと売りが集中している価格帯を教えてくれるからであり、それは私にとっては支持線と抵抗線を意味する。

価格や値動きを使って支持線や抵抗線を見つける方法についてはすでに述べたが、VPAを使えばこれらの領域を視覚的にとらえることができる。前の第８章では支持線や抵抗線は目に見えない障壁（自然な障壁）と言ったが、VAPではこれらの障壁は目に見える障壁なのである。

しかし、忘れてはならないのは、VAPはVPAを補強するテクニックであって、この逆はあり得ない。VAPはパワフルで、出来高と値動きを３次元的に見ることができるが、伝統的なVPAに取って代わることはできない。したがって、VAPは保ち合いや支持線・抵抗線を探すツールとして使ってもらいたい。そして、これらが見つかったら、VPAによる従来の分析を行って、それを確認してもらいたい。

それでは例を見てみることにしよう。このインディケーターは良いチャート作成パッケージのほとんどで無料で使うことができるというのが良い点だ。本章の例はすべて私のニンジャトレーダーからのものである。

図9.3のチャートはマイクロソフトの15分足チャートを示したものだ。従来の出来高の足はスクリーンの下に示してあり、VAPインディケーターは出来高分布をＹ軸で表している。

本書を通じて、私は支持線と抵抗線の説明に力を入れてきた。支持線と抵抗線はトレンドの培養地であり、ここからトレンドはブレイクアウトする。VAPの威力は、保ち合い領域である支持線と抵抗線を視覚的に教えてくれる点にある。このチャートを一見して、何が明ら

図9.3 マイクロソフト（MSFT）──15分足チャート

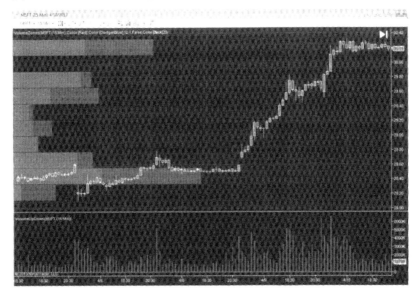

かで、何が明らかでないのかを考えてみよう。

この例を説明する前に、VAPの足の色について説明しておきたい。従来の出来高の足と同じように、VAPの足は赤と緑の色（あるいはあなたの選んだ色の組み合わせ）で示される。出来高の足では緑が買いの出来高で、赤が売りの出来高だが、VAPの足も同じで、緑がそれぞれの価格帯での陽線の数、赤が陰線の数を表している。陽線の数が多ければ、VAPの足は緑色の部分が大きくなる。逆に、陰線の数が多ければ、赤色の部分が大きくなる（あるいはあなたの選んだ色の組み合わせ）。これによってその価格帯での「買い」と「売り」のバランスが一目で分かる。

この例では、保ち合いは４つある。チャートの下のほうの領域では保ち合いが長期にわたって続き、真ん中の２つの保ち合いは比較的短期で終わり、一番上は現在のトレーディングレンジだ。このチャートの期間はおよそ５日だ。VAPからどういうことが分かるのだろうか。

まずはチャート上でこれらの保ち合い領域がはっきり分かる。保ち合いの各領域は出来高のヒストグラムではっきりと示されており、これによって各領域の重要度が分かる。出来高が最も多い領域は下のほうの領域で、平均を上回る足と出来高が極端に多い足によってこの領域の重要度が分かる。

　この水準から上にある保ち合いでは、重要なのは２本の出来高の足のみで、出来高はいずれも平均を下回る。保ち合いとしてはかなり小さい。

　３番目の領域は、出来高は２番目の領域よりも多く、２本の平均を上回る出来高の足がこの領域の重要度を物語っている。

　最後は現在の領域で、ここには出来高が極端に多い１本の足が存在する。この分析からはどういったことが分かるのだろうか。

　第一に、これらの保ち合いのうちどの保ち合いが支持線と抵抗線を決定するうえで将来的に重要になるかがすぐに分かる。将来、価格が再びこの領域に戻ったら、これらの水準は目に見えない障壁になるが、出来高は視覚化されているため、支持線や抵抗線がどの水準になるかを判断することができる。ここでは時間も重要な要素になる。保ち合いの期間が長いほど、その価格帯に出来高が集中する可能性が高い。もちろん、市場が何日も何週間も停滞することもあり、そのとき出来高は比較的狭いレンジに集中し、これはＶＡＰヒストグラムに反映される。

　もちろんこれも重要だが、もっと重要なのは、出来高と価格の関係の時間的要素だ。

　このチャートは５日間にわたるものだが、最初の保ち合いは３日間続いている。図を見ると分かるように、この保ち合いの長さは出来高の多いいくつかの足によって確認することができる。この価格領域について言えることは、非常に重要な領域であるということだ。もしトレードしていたとすると、上へのブレイクアウトでは、この領域は強

力な支持線になる可能性が高い。また、将来市場が反転してこの領域を試してきた場合も、この領域は強力な支持線になる。この支持線をブレイクするには相当な出来高が必要になる。

次の保ち合いはいくつかの足からなり、数時間しか続かず、そのあと市場は再び上にブレイクアウトして、そのまま上昇している。これは保ち合いの二次的領域で、VAPヒストグラムを見ればすぐにそれと分かる。出来高は平均を下回り、重要な出来高の足は2本しかない。したがって、将来的に試されても、この価格水準を突破するのにそれほど大きな努力はいらない。

最後は3番目と4番目の保ち合いについてだ。3番目の水準は14本の足が続き（およそ4時間）、4番目の水準は1日続いている。これらの出来高の足を3日間続いた保ち合いと比べてみよう。1日続いたチャートの一番上の保ち合いは、3倍の3日間続いた最初の保ち合いと出来高の集中度はほとんど変わらない。

出来高は保ち合いについて何を語っているのだろうか。出来高分析では、1つの出来高を別の出来高と比べて、価格が妥当なのかどうか、あるいは例外なのかをチェックする。この点はVAPも同じである。**図9.3**は日中チャートで、チャートの一番下の保ち合いが、ほかの保ち合いやその重要性を測定するためのベンチマークになる。

2番目の保ち合いでは出来高は平均を下回り、期間も短いが、次の3番目の保ち合いはすでに警鐘を鳴らし始めている。理由は以下のとおりである。

この保ち合いは期間は短いが、出来高は平均を上回り、価格帯も広域にわたる。警報信号が鳴ったのはこのためだ。トレードの観点から言えば、もしポジションを持っていたら、これは上にブレイクアウトするという強いシグナルであり、この領域が重要な支持線として機能するということを示している。したがって、自信を持ってポジションを保持することができる。

図9.4　マイクロソフト（MSFT）の15分足チャート——寄り付き後

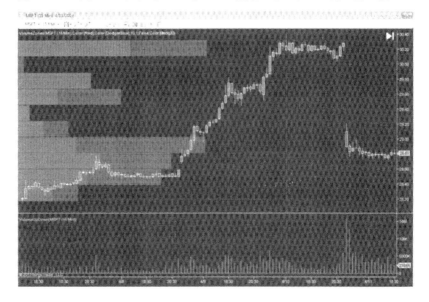

　チャートの一番上の４番目の水準の保ち合いは、VAPヒストグラムを見ると極端に出来高が多く、従来の出来高の足でも非常に狭いレンジに多い出来高の足が存在する。これは市場が弱いことを示しており、大量に売られる可能性がある。出来高がこれほど多いと、上昇すると思いがちだが、市場は上昇することなくレンジ相場で推移した。

　図9.4を見てみよう。これはVAPの威力を示すために恣意的に選んだチャートではないかと思うかもしれないが、そうではない。このチャートは本章を書き始めたときにたまたま選んだチャートであって、信じられないかもしれないが、私が本章を書いているときに市場はオープンし、マイクロソフトの株価は寄り付きで1.40ドルも下落したのである。

　VAPヒストグラムと従来の出来高の足によっても確認できるように、大量の売買が行われたため出来高ヒストグラムは変化した。これもまたVAP分析の威力を示すものだ。潜在的支持線領域が形成され

図9.5　アルコア（AA）──1時間足チャート

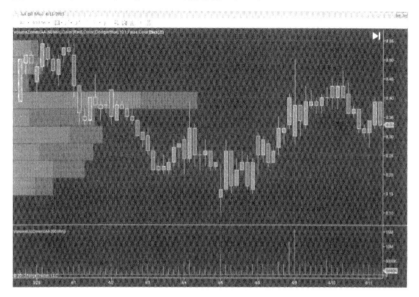

ていることを視覚的に確認できると同時に、チャート下の出来高の足でもこれが確認できる。これに値幅を加えると、出来高に裏付けられた値動きの完全なストーリーが完成する。出来高を見ずにトレードできる人がいるとしたら、それは私にとっては信じられないことだ。唯一のとは言わないまでも、出来高をあなたの分析テクニックの1つにぜひとも取り入れてもらいたい。

　本章を締めくくるにあたって、VAPの別の例を見てみることにしよう。

　図9.5は非常に興味深いチャートだ。これはアルコアの1時間足チャートだが、VAPヒストグラムの真ん中辺りの突出した足に注目しよう。これは非常に大きな足だが、もっと重要なのは、保ち合いになっている現在の値動きに一致していることである。市場は以前もこのレンジでトレードされたことがある。VAPヒストグラムからも分かるように、これは重要な保ち合い領域であることを示している。チャ

図9.6　プロクター&ギャンブル（PG）──日足チャート

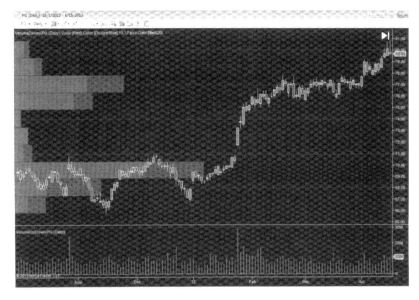

ートを見ると分かるように、過去数時間で市場は上昇し、この水準をブレイクアウトしようと試みたが、失敗している。これはVAPヒストグラムにも現れている。この時点でVPA分析を行ってこれが例外なのか、妥当な値動きなのかを確かめる必要がある。おそらくは下にブレイクアウトする可能性があることを示してくるはずだ。

　図9.6を見てみよう。これは今トレードするのに最適な銘柄だ。理由は以下のとおりである。投資家としてのあなたは、これは長期のバイ・アンド・ホールドと思ったはずだ。これはおよそ6カ月分の日足チャートだ。最初の3カ月は保ち合いにあった。しかし、VAPヒストグラムの出来高を見ると、極端に出来高の多い足と、平均的な出来高の足がある。保ち合い期間は長かったが、チャートの上のほうを見ると、再び保ち合いが発生し、これは2カ月続いている。しかし、この保ち合いの出来高は平均を若干上回る程度である。下の水準の支持線は出来高が多いので、これがベンチマークになる。したがって、反

転して下落したときには、ここが強力な自然の障壁になる可能性が高い。

　もっと重要なのは、この保ち合いからブレイクアウトするとき、窓を上に空けて上昇している点だ。これは強力なシグナルになる。これはVPAでも確認できる。この株式はここから大きく上昇し、2番目の保ち合いのあと、再び大きく上昇している。しかし、2番目の保ち合いで重要なのは、出来高が比較的少ないということである。したがって、この価格領域は反転して下落しても支持線にはならない。これはリスクとマネーマネジメントルールにのっとって損切りを置くときに役立つ。

　重要なのは、VAPアプローチを使って作成した目に見えるこれらの領域は、役に立つさまざまな手掛かりを与えてくれるということである。まず第一に、現在の値動きが本物であるかどうかを確認することができるという点だ。また、これらの領域は重要な保ち合い領域の支持線と抵抗線の「深さ」を教えてくれる。支持線や抵抗線が目に見えるため、ブレイクアウトでも安心してトレードすることができる。支持線や抵抗線が強ければ、安心してポジションを建てることができ、弱ければまたのシグナルを待つことになる。さらに、VAPは将来の値動きにおける支持線や抵抗線の強さを教えてくれる。これによってリスクを視覚化して分析することができる。

　次の第10章ではVPAを使ったいろいろな例を見ていくが、VAPについても自分でいろいろと研究してもらいたい。ここで使った例はすべて株式だが、このテクニックはほかの市場や投資対象にも適用することができる。

　CME（シカゴ商品取引所）は以前はデータを提供するのにChart-EXを使っていたが、Chart-EXは今はもう存在しない。しかし、前にも言ったように、良いチャート作成プラットフォームにはこのVAP指標が含まれている。

第10章
VPAの実例
Volume Price Analysis Examples

「重要な要素は２つ——正しい行動と忍耐力である。これは自分で身につけるしかない」——チャールズ・ブランデス（1943年～）

　VPA（出来高・価格分析）のメリットと威力についてはもう分かってもらえたと思う。私が本書を書いた目的は２つある。１つは、昔、私がトレードを始めたときに運良く進んだ方向にあなたを導くことである。ラボスははみだし者で、彼を悪く言う人はたくさんいるが、私は新聞で彼の記事を偶然見つけた日のことを永遠に感謝するだろう。出来高は私にはとてもしっくりきた。それは論理的で、市場が操作されていようがいまいが、市場の振る舞いの内側を見ることができる唯一の方法だと私は思っている。ここに示したチャートはすべて、私のニンジャトレーダー・プラットフォームまたはMT4のブローカー口座から取ったものだ。

　本書を書いた２番目の理由は、この手法を簡単な方法で説明したかったからである。市場は複雑だが、理解できないほど複雑ではない。チャートを自分で学び研究する覚悟があれば、あなたもすぐにVPAの専門家になれる。近道はないが、自転車に乗るように、一度覚えれば、忘れることはない。前にも言ったように、ソフトウェアプログラムがあなたのために分析してくれることはない。トレードはアートであって、科学ではないからだ。プログラムがいかに高度なものであれ、マシンコードでは市場のニュアンスまでは理解できない。トレードがなぜアートなのかというと、市場は人間とそのお金によって動いてお

り、恐怖と貪欲のなせる業だからである。

　本書もいよいよ終盤にさしかかってきたので、ここでさまざまなプラットフォームによるさまざまな市場の実例を紹介したいと思う。すべての例には出来高が示してある。現物市場や先物市場などでは実際の出来高を示しているものもある。現物のFX市場の実例もある。しかし、これらの例には１つだけ共通点がある。どれも同じようにVPAを適用しているという点だ。

　まずは米国の株式市場の例から見てみることにしよう。最初のチャートはハニーウェル（HON）の日足チャートである（**図10.1参照**）。

　これはいくつかの教訓を与えてくれる良い例である。これは日足の株式チャートだが、VPAの原理はどんな市場、どんな投資対象にも適用することができる。

　市場は売られ、下落する。最初の弱さのサインは小さな流れ星で、これは出来高の増加と実体の大きい陰線で確認できる。したがって、ここには例外はない。そのあと、実体の小さい陰線が続く。この足の出来高は前の足よりも多い。これは例外であり、ストッピングボリュームである可能性が高い。翌日、市場はハンマーで引け、依然として出来高は多い。おそらくはこの水準で小休止し、保ち合いに入ると思われる。あるいは、ブレイクアウトして上昇する前にさらに買い集めが行われるかもしれない。

　このケースの場合、ハニーウェルは翌日ギャップアップで寄り付いて上昇した。しかし、出来高は平均的だ。翌日、値幅が狭まり、市場は上昇してはいるが、出来高は減少している。これは弱さを表すサインだ。株価はこの水準からあまり離れず、おそらくは保ち合いになるだろう。しかし、保ち合いが終わりに近づくと、その日の売り圧力は、実体が小さく、出来高の多い陰線に吸収される。これはまた例外だ。売られているのであれば、実体が大きいローソク足が現れるはずだが、そうではない。ここに現れたのは短小線で、その３本あとにも再び短

図10.1　ハニーウェル（HON）の日足チャート

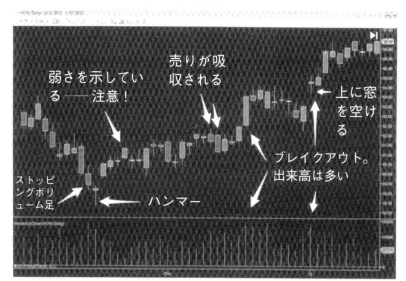

小線が現れた。

　売りが吸収されたので、この領域からのブレイクアウトが予想されるが、実際にブレイクアウトした。ブレイクアウトに伴い、出来高は増加し、長大陽線が現れる。これは上昇相場になるというサインだ。この下には支持線がある。このあと市場は前よりも高い水準で横ばいに入り、やや下落するもののこれは2週間続く。陰線に注目しよう。この水準では売りの出来高が減少しているため、下落相場にはならない。もし下落相場になるのなら、価格は下がり、出来高は増加するはずだ。しかし、出来高は減少している。上昇したり下落したりするのには努力が必要だということを思い出そう。

　したがって、買い手がすぐに参入してくるはずだ。チャートを見ると分かるように、実際にそうなっている。平均を上回る出来高を伴って買い手が参入する。このローソク足の下ヒゲに注意しよう。これは今の保ち合いが終わることを示している。このあとは上昇相場になる

ことが予想される。

　翌日、出来高を伴ってブレイクアウトする。これはダマシではなく、本当の上昇だ。これは出来高を見れば分かる。ブレイクアウトしただけでなく、上に窓を空けてブレイクアウトした。これが出来高で確認できれば、これは上昇相場になるサインだ。3カ月後の株価は76.08ドルだった。

　次の銘柄は私の大好きな銘柄だ（**図10.2**、**図10.3**）。デビッド（私の夫）と私は、デューク・エネルギーがまだ17ドルのときに初めて買った。今は70ドルだ。当時、私たちはこの銘柄を保有し、同時にカバードコールを売った。これは素晴らしいオプション戦略だ。オプションについては別の本を参照してもらいたい。

　このチャートからは学ぶべきことがいくつかある。その1つが忍耐力だ。本書の初めでも言ったが、VPAを使ってトレードを始めたとき、ハンマーやストッピングボリュームを見ると興奮し、すぐに飛びついてポジションを取ったものだ。しかし、市場はオイルタンカーのようなものだ。止まるには時間がかかるのだ。デューク・エネルギーからはどういったことが学べるだろうか。

　まず、チャートの左端では株価が比較的少ない出来高で上昇している。上昇トレンドの最後のローソク足は長大陽線で、これは値幅がほぼ半分の前のローソク足の出来高をかろうじて上回っている。これは明らかに、このあと市場が弱まるという早期のサインだ。2本あとの足から下落している。上昇しようという試しは見られるが、市場はプライス・ウォーターフォールに入り、価格は下落し、出来高は増加する。ここでストッピングボリュームによって下落にブレーキがかかる。この時点で株価は上昇を試すが、上ヒゲがある。これはあまり強い反応ではない。そして、株価はさらに下落する。しかし、出来高は平均的だった。

図10.2 デューク・エネルギー（DUK）の日足チャート

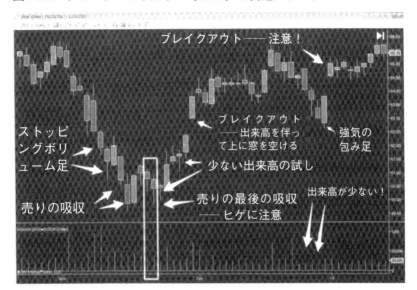

　下落トレンドの最後の2本のローソク足は長大線だ。下落時の長大線と比較すると、出来高はもっと多くてもよいはずだ。したがって、この水準で売りが吸収されているのは明らかだ。株価は上昇を試す。今度は陽線の包み足を伴っている。しかし、出来高は平均的だ。したがって、これはまだ強さを表すサインではない。

　そのあと、市場は出来高の少ない2本の小さなハンマーで押す。これは売り圧力の吸収の最終局面なのだろうか。答えは次の足の出来高の少ない試しに示されている。これはインサイダーが地固めをしていることを示している。売りが完全に吸収され、さらなる売りが試され、出来高の少ない試しが成功した今、デューク・エネルギーは上昇する準備が整った。

　株価は出来高を伴って上昇し、そのあと上への窓空けが発生する。これは大商いを伴っている。したがって、これはダマシではなく、真の上昇だ。これはインサイダーが参入している証拠だ。そのあと保ち

図10.3　デューク・エネルギー（DUK）の日足チャート──前のチャートの続き

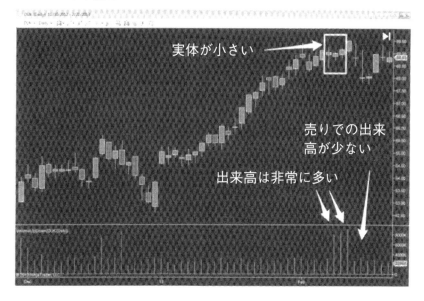

合いになり、再び上への窓空けが発生し、出来高を伴ってブレイクアウトする。このあと、株価はゆっくりと下落するが、出来高が少ないことに注目しよう。これは例外だ。したがって、株価はこれ以上、下がることはない。もし下げるなら、出来高を伴うはずである。しかし、ここでは出来高は平均を下回っている。

　下落の最後の足は陽線の包み足で、翌日、上に窓を空けて上昇。しかし、上へ窓を空けたときの出来高は少ない。これはインサイダーによるダマシの上昇なのだろうか。市場は非常に弱く見える。上昇に伴う出来高は平均を下回っている。しかし、私たちが今全体的な値動きのどこにいるのかは把握しておきたい。私たちは再び元の位置に戻ってきた。以前この水準を突破するのに失敗したことを考えると、この水準は抵抗線になる可能性が高い。したがって、二重のチェックが必要だ。少ない出来高での上昇、そして抵抗線。厳重な注意が必要だ。

図10.4　SLV——銀のETFの5分足チャート

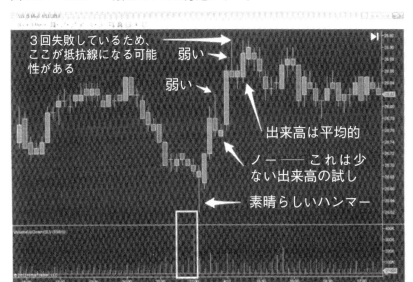

　このあと、どうなったのだろうか。
　数日間、デューク・エナジーは65.75ドルの水準にとどまっていたが、そのあと抵抗線を抜けてブレイクアウトし、一定の出来高のまま徐々に上昇する。やがて、スタミナ切れになる。これらはすべて出来高を見れば一目瞭然だ。この上昇トレンドの最後に、出来高が非常に多い3本の短小線が現れる。市場は強いのだろうか、弱いのだろうか。もちろん弱い。そのあと株価は急落する。しかし、売りの出来高は平均的だ。したがって、トレンド転換でないことは確かである。そのあと、デューク・エナジーは上昇を続け、ここしばらくは強気の状態だ。これを書いている時点でのデューク・エナジーの株価は74.41ドルである。
　今度は違う時間枠の別の市場を見てみよう。最初の例はSLV（銀のETF［上場投信］）だ。ETFはコモディティー市場に参入しようというトレーダーに人気の商品で、そのなかでもSLVは最も人気の高い

ETFの1つである。これは銀に投資するETFで、レバレッジがかかっていないので非常に簡単なETFで、銀そのものを保有することなく銀に投資できる。図10.4は5分足チャートを示したものだ。日中のスキャルピングにとってはパーフェクトなチャートだ。

チャートを見ると分かるように、SLVは若干上昇傾向にある横ばいからスタートし、そのあと下落し、連続する5つの陰線で暫定的支持線を下にブレイクしている。5つの陰線の出来高は徐々に増加している。この値動きが妥当であることは平均を上回る出来高によって確認できる。

そのあとSLVは数本の足で横ばいになり、そのあと2本の短小陰線が続く。最初の陰線の出来高は平均を上回る。したがって、これは例外だ。2番目の陰線は出来高が極端に多い。これはおそらくはストッピングボリュームで、買われている。そうでなければ、実体は大きくなるはずだ。しかし、この足の実体は小さい。このあと出来高を伴うハンマーが続き、買いが増えていることを示している。次の陽線は上昇しているが、出来高が少ないため強さを表すサインではない。しかし、次の足では出来高は増加し、実体は大きい。したがって、これは強さを表すサインになる。そのあとインサイダーは少ない出来高で試してくる。そのあと出来高を伴って価格は上昇する。しかし、そのあと抵抗線の突破に失敗し、市場は弱まり始める。

そのあと、SLVはしばらくこの水準にとどまり、翌日下落する。

VPAが素晴らしいトレンドと素晴らしいトレード機会を与えてくれる例はいくらでもある。しかし、VPAが与えてくれるものはこれだけではない。トレードの意思決定を行うための堅実なロジックも与えてくれる。もっと重要なのは、トレードのリスクを定量化できることである。トレードとは要するにリスクを定量化することなのである。

この例では、私たちはスキャルパーとしての立場でチャートを見ているが、もしあなたがアグレッシブなトレーダーなら、おそらくハン

マーだけを見てポジションを取っただろう。これは強いシグナルに見えるからだ。しかし、次のローソク足は弱さを示している。出来高は平均を大幅に下回っている。この時点で、この判断は正しかったのだろうかと不安になる。損切りをハンマーのヒゲの下に置く。次のローソク足は出来高を伴う長大陽線なので、ここで手仕舞う必要はないことが分かる。

次のローソク足は出来高が平均を上回る流れ星なので弱さを表している（トレンドの天井ではないが、上ヒゲが長いので弱さを表している）。次の足は出来高の少ない試しで、そのあと平均を上回る出来高を伴う長大陽線が続くので、ここで反転して上昇することが予想できる。そのあと小休止して、天井に達する。

この時点で、注意深いトレーダーならハンマーに対する最初の反応を見逃さないはずだ。彼らはこれを弱さのサインととらえ、しばらく市場から遠ざかり、強さのサインとなる2番目のローソク足を待つ。このローソク足が現れて初めてポジションを取る。このケースでは、これはおそらくは小さな利益か小さな損失、あるいはブレイクイーブンで終わることになるだろう。

ここで選んだ例は、さまざまな時間枠や市場にVPAを適用する方法を示すためのものであり、もっと重要なのは、すべてのトレンドやトレード機会は相対的であることを示すためだ。スキャルパーとしてポジションを取れば、1枚につき20セントか30セントの利益が望めたはずだ。

前の株式の例では、ポジションを数日、数週間、場合によっては数カ月保有すれば、何千ドルとはいかないまでも何百ドルの利益は出たはずだ。これらはすべて相対的だ。VPAの素晴らしさは、ロジックに基づいてトレードの意思決定を行えることである。出来高と価格のロジック。そこから先は、リスク許容量に基づいてマネーマネジメント、ひいてはトレードを適切に行えるか否かはトレーダーとしてのあ

なたのスキルに依存する。VPAはトレード機会は与えてくれるが、トレードのリスクを判断したり、自分の評価に基づいてどれくらいの資産をリスクにさらすかを決めるのはあなたである。

リスクを評価するときには、複数の時間枠による分析を行わなければならないことを忘れてはならない。上の例では、もっと長い時間枠を見れば、それは弱い動きなので、そのトレードに対するリスクは高くなることが予想できたはずだ。それは主要トレンドに逆らうトレードであったかもしれない。当時の銀のトレンドは下降トレンドだったので、実際そうだった。したがって、そのトレードは当然ながらリスクの高いトレードだった。

次の例も非常に人気の高い金で、ETFはGLDファンドだ。ここでも短い時間枠を使う。チャートは雑然としているため、注釈は付けていない。

始める前に、金市場について話しておこう。このチャートの時点では、金市場はしばらく弱気相場が続いていた。リスク市場で高いリターンが期待できる低インフレ環境では、金は安全な避難場所ではない。したがって金の長期トレンドは弱気だった。こうした状況を踏まえてこの日中チャートを見てみることにしよう。

市場は大きな出来高を伴って下に窓を空けて寄り付く。これは弱さを表す明確なサインだ。これは出来高を見れば分かる。次の足は小さなハンマーで、これも多い出来高を伴っている。これはストッピングボリュームなのだろうか、おそらくは。次の足は小さな足で、上ヒゲがある。これは弱さがさらに続くことを示している。これは出来高でも確認できる。

ストッピングボリュームに対する反応はあまり良くないのは明らかだ。次の2本の足も陰線だが、これは買いが少ないことを示している。下ヒゲは若干の支持を示しているが、市場は下げ続け、出来高は増加している。この下落の最後から2番目の足は再びストッピングボリュ

図10.5　GLD――ETFの15分足チャート

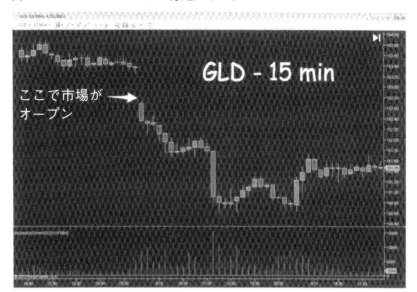

ームだ。この下落の最後の陰線は平均的な出来高で引けており、そのあとこの時間帯で最後の陽線が発生するが、この足は上ヒゲが長く、実体は小さく、出来高は平均を上回るため、反応としては弱い。この時点での反転はほとんどあり得ない。次の足は短小陽線で、出来高は平均的なので極めて妥当な足だ。

　この一連の陽線のなかで、再び上ヒゲが長い足が現れるが、今度は出来高が非常に多い。これは市場が非常に弱いことを大声で知らせている合図だ。もしこれが買いの出来高ならば、市場は急上昇するはずだが、そうではないので、これは売りの出来高だ。みんな市場が崩壊する前に売り抜けようとしているわけである。市場は上昇しようとするたびに、売り圧力に押されて上昇できない状態にある。次の足はさらに悪く、みんなが売っているため市場が恐ろしいほどに弱いことをさらに強く示している。

　ここで現れたのが極端に出来高の多い足で、市場は迷っている状態

だ。値幅も狭い。もしこれが買いの出来高なら、市場は上昇しているはずだ。インサイダーは市場を上昇させて、下落で買い集めた株を、市場が下がる前に売ろうとしている。

　次の２本の足は実体が小さく、出来高も少なく、何の手掛かりも与えてくれない。そのあと、予想どおり市場は下落する。この動きが本物の動きであることは出来高によって確認できる。次の足は、出来高が多く、実体が小さく、長い下ヒゲがあるので再びストッピングボリュームの様相を見せている。この時点で買い手が参入する。これは次の足でも同じだ。この足も実体が小さく、出来高が多い。市場はこれから回復してくると思われるが、次の足を見てみよう。市場は上昇しようとしているが、始値近くで引け、出来高は平均を上回る。これは強いシグナルではない。次の足は小さなハンマーで、出来高は極端に多い。したがって、ここではさらなる買い手が参入している。前のいくつかの足からすれば、おそらく反転は近いと思われる。

　そのあと、３本の陽線が続く。実体は小さいが、出来高はあまり変わらない。市場は上昇するが出来高はあまり変わらないということは、この上昇はあまり長くは続かないということである。市場はここで反転する。下落している間、出来高は増えている。つまり、売り圧力が再び現れたことを示している。この下落の最後の足は実体が非常に小さい同時線だ。しかし、出来高は多い。したがって、ここで再び買い手が参入し、ストッピングボリュームになることが予想される。

　これは次の足で確認できる。この足は実体が大きい陽線で、出来高も平均を上回る。しかし、次の２つの足で市場が上昇している間、出来高は減少している。インサイダーは市場をそれほど上昇させる気はないようだ。そのあと市場はその日の終わりまで横ばいが続く。上昇しようという試みはことごとく失敗している。出来高も減少し、市場は非常に弱気だ。

　翌日、GLDは再び下に窓を空け、前日の弱気基調は劇的な形で引

図10.6　GLD ETFの15分足チャート──翌日

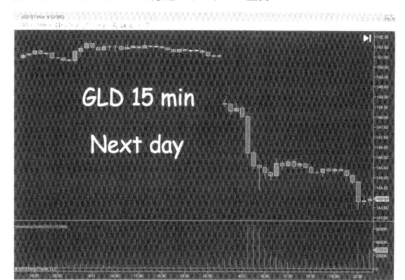

き継がれる。出来高は前日の寄り付き時の３倍である。

　寄り付きは強気筋には酷だったが、さらに悪いことが続く。５本目の足、６本目の足、７本目の足の出来高が非常に多いのだ。極端に多いとしか言いようがない。平均出来高が50万口であるのに対して、これらの各足の出来高は600万口を超えていた。要するに、パニック売りだ。

　ハンマーも下落の勢いを止めることはできず、ぽつんと１本現れた出来高の多い長大線も市場を上昇させるには不十分で、市場はそのまま持ち合いに入る。この一連の下落の最後の４本の足で出来高が増加しているので、売り圧力はさらに続くことが予想される。

　これまで述べてきた市場分析は、スクリーン上にこうした値動きが現れたときに私が頭のなかで考えるだろうことを書き綴ったものだ。市場の内側で何が起こっているのかを教えてくれるものは出来高だけである。出来高を見れば、値動きから結論を導くことができる。これ

は金のETFについての分析だが、ほかのETFやほかの投資対象でもまったく違いはない。

　次は現物FX市場についての分析だ。このチャートはMT4プラットフォームからのものだ。MT4では時間ベースのチャートとティックボリューム（株価の約定ごとの出来高）が表示されるが、原理は同じである。

　最初の例は豪ドルの15分足チャートで、これは私が実際にトレードしたものだ。

　AUD/USD（豪ドル/米ドル）の通貨ペアはしばらくの間は上昇していた。出来高は平均的で（平均出来高は点線で示している）、この時点では例外や弱さのサインは見られない。すると突然、長大線で、上ヒゲも同じくらい長い陽線が現れる(図では「弱さの最初のサイン」)。

　この出来高を見るとこの通貨ペアは大きく上昇してもよさそうなものだが、それほど上昇していない。これは大量の売りによるものだ。これは足に長い上ヒゲがあることで確認できる。

　そのあと2〜3本の足にわたってかろうじて上昇するが、5本目の足のあとで出来高を伴った流れ星が現れる。これは要注意信号だ。次の足も短小線で、出来高を伴った同時線なので弱い。このあとはおそらくは反転が予想される。その次の足でこの弱さはいよいよ本物であることが確認される。この足は出来高がさらに増加した流れ星だ。ここで重要なことがもう1つある。それは前の足よりも高値が安くなっていることである。ここは損切りを最初の流れ星のヒゲの上に置いて、売りポジションを取るのがよい。

　予想どおり、市場は下落し始める。ここで強調したいのは、強いポジションを維持し、このトレンドから最大利益を引きだすのに、出来高がどれだけ重要かということである。

　ご存じのように、市場はまっすぐには動かない。下落して、少し戻して、再び下落する。これはそれを示す完璧な例である。

図10.7 AUD/USDの15分足チャート

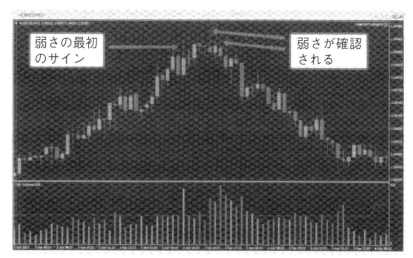

　2番目の流れ星から4本あとの足に、長大陰線が現れる。これで私の分析の正しさが証明されたことになる。私たちは強いポジションを維持している。そのあと、市場は私たちに不利な方向に反転し始める。これはトレンド転換なのだろうか、あるいは下落トレンドにおける単なる戻りなのだろうか。

　長大線のあとの足を見ると、実体は比較的小さく、出来高は平均を上回る。したがって、これはポジションを保持せよという合図だ。しかも、実体が小さくなり、出来高が増加するストッピングボリュームは現れていない。したがって、これは単なる小休止の可能性が高い。これは次の足とその次の足で確認できる。この最後の足では、市場は上昇しようとしているが、出来高は減少している。これが何を意味するかは一目瞭然だ。

　次の足は弱い。これは出来高が平均を下回る小さな流れ星だ。

　市場は段階的に下落していき、上昇しようとするたびに、出来高は減少している。これは弱さがさらに続くことを示している。

ポジションを建てても、VPAは継続的に行う必要がある。なぜなら、それによってポジションを保持し、トレンドに乗り続けることが正しいことを確信できるからだ。例えば、売っているときに、市場があなたのポジションに逆行して上昇したとしても、上昇しているときに出来高が減少していれば、これは単なる戻りであって、トレンド転換ではないことを確信することができる。ストッピングボリュームのサインが出ていても、その前に戻りがなければ、買い手はまだ市場に参入していないため、反転は長続きはしない。したがって、ポジションを保持してもよいということになる。

　買っているときも同じである。上昇トレンドでも、市場はあなたに逆行して下落することがある。下落するときの出来高が減少していれば、これは単なる押しであって、トレンド転換ではないことを確信することができる。トッピングアウトボリュームがなければなおさらだ。

　図10.7の右端のほうを見てみよう。ストッピングボリュームが発生している。売り圧力が弱まり、市場は保ち合いに入ろうとしている。この通貨ペアのこの局面はこれで終了したので、私は手仕舞った。

　仕掛けから、ポジション管理、手仕舞いに至るまで、すべて１つの簡単なツールであるVPAによって行われた。ほかには何もない。トレーダーや投機家や投資家がなぜ出来高に注目しないのか、私にとってはいまだに謎だ。

　次も現物FXの例である。

　週足チャートを選んだのは、売りのクライマックスの良い例であるばかりでなく、これがどれくらい続くのかという全体像が分かるからである。本書で何回か言ったが、忍耐力が重要だ。トレンド転換は時間がかかるのである。これが良い例である。また、VPAがどんな時間枠でも機能することも分かる。

　この週足チャートは18カ月にわたるもので、辛抱強く待てば長期トレンドで大きな利益が得られる。もちろんVPAの威力も素晴らしい。

図10.8　AUD/USDの現物FXの週足チャート──売りのクライマックス

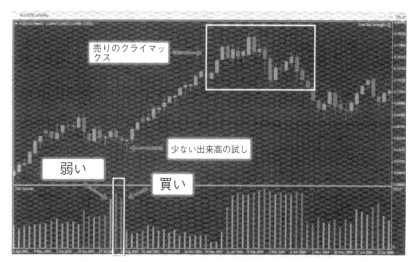

　チャートを見ると分かるように、AUD/USDのペアはずっと上昇相場だったが、そのあと平均的な出来高の保ち合いに入る。ここで最初の例外が発生する。それは、非常に出来高の多い短小陽線だ。この通貨ペアはこの価格帯で悪戦苦闘し、市場の反応はない。次の足の出来高は極端に多い。もしこの通貨ペアが売られているのであれば、この足は実体の大きい陰線になるはずだが、そうはなっておらず、実体は小さい。おそらく買い手がこの水準で買い支えているのだろう。次の足はハンマーで、下ヒゲが長い。これは前の足を裏付けるものだ。これは買いで、さらなるシグナルを待つ必要がある。そのシグナルは次の足で発生する。出来高の少ない小さなハンマーでの試しがそれである。出来高の多い前の足の売りは買い手に吸収され、これからマーケットメーカーが市場を上昇させようとしているところだ。このあと市場は一定のペースと一定の出来高で上昇する。

　この上昇は数カ月間続くが、ここで注意すべきことは、この間、出来高が徐々に減少していることである。劇的な減少ではなく、徐々に

減少している。今、チャートの四角で囲んでいるところに入ろうとしている。長大線が2本現れているが、出来高はほとんどないと言えるほど少ない。これは市場が息切れしていることを示す警戒シグナルだ。市場が勢いを失ったか、あるいはほかの何かが原因だ。明らかなのは、マーケットメーカーたちは出来高を伴わずに価格を上昇させようとしていることである。そして、そのあと彼らは市場から引き揚げた。

この長期の上昇トレンドに乗り損なったトレーダーたちは、恐怖と貪欲とで今まさに市場に飛びつこうとしている。彼らは黄金の機会を逃したくないと思っている。市場が上昇するのを見て、彼らはついに買った。それを見てマーケットメーカーたちは横のドアから出て行く。

そのあと、売りのクライマックスが始まる。ここでマーケットメーカーたちは大量に売る。そして数週間後には市場は下落する。上昇しようとする試みはさらなる弱さを表す。そして市場は再び下落する。

チャートの右端を見てみよう。市場は上昇しようと試している。ここでは、出来高の多い短小陽線がいくつか現れるが、出来高は徐々に減少している。これはさらなる弱さを示している。

ここで話しておきたいことが1つある。それは、トレンドに伴う出来高の増加や減少である。どういった分析や解釈にも柔軟性が必要だ。市場が10本の足にわたって続けて上昇し、ルールに厳密に出来高の原理を適用したいと思った場合、10本の足のそれぞれの足の出来高が前の足よりも多くなければならない。出来高は永遠に増え続けるわけではないので、これではトレンドを限定することになる。

上の例はこれの好例だ。上昇過程の最初のいくつかの足は、多少多い少ないはあるものの、平均を上回るか平均的な出来高によって裏付けられている。物事にはバリエーションがある。長期的に見ている場合は特にそうである。祝日の間は薄商いになるとか、市場が実際に閉まっている日といった季節的な要因があるかもしれない。これはFXではほとんどないが、ほかの市場ではあり、FX市場もその影響を受

ける。

　トレンドにおける出来高を判断するときには柔軟性が必要であり、分析に若干の自由度を持たせることが重要だ。私たちがここで待っているのは例外だ。出来高の少ない２本の足が現れるまで、トレンドの変化を示すシグナルはなかった。

　次は買いのクライマックスについて見てみよう。**図10.9**のAUD/USDの週足チャートはこの好例だ。

　このチャートはおよそ18カ月にわたるもので、通貨ペアは天井を付けたあと下落に転じている。これは売りの出来高が増加していることから確認できる。

　ハンマーが現れたので、これはストッピングボリュームになるのかどうか判断する必要がある。この答えは次の足の出来高を伴った小さな流れ星が与えてくれる。

　明らかに市場はまだ上昇する準備ができていない。売り圧力が続き、最終的には買いのクライマックスに突入する。市場は上昇を試みている。その証拠に最初の足は短小線で、長い上ヒゲがあり、出来高を伴う陽線だ。しかし、これは強さを表すものではない。市場はまだ上昇の準備ができていない。これを裏付けるものが、出来高の少ない次の２本の足である。特に２本目の足が重要だ。実体が大きくなっているが、出来高が極端に少ない。

　そのあと市場は再び反転して保ち合いに入る。この保ち合いはチャート上の２本の水平線で示している。天井が抵抗線になり、床は支持線になる。今、私たちは抵抗線に注目している。

　この抵抗領域から上へのブレイクアウトが本物であることを確認するには、出来高が増加していなければならない。「爆発的」に多い出来高である必要はなく、一定のペースで増加するのが望ましい。前の例で見たように、これが上に窓を空けてのブレイクアウトなら、出来高は平均を上回るはずであり、動きが劇的なら出来高は極端に多くな

図10.9　AUD/USDの現物FXの週足チャート――買いのクライマックス

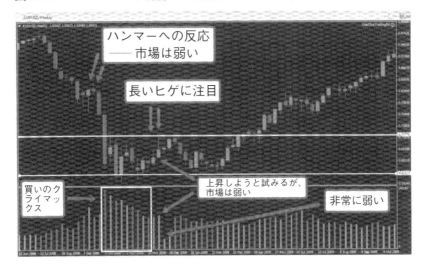

るはずだ。しかし、普通のブレイクアウトなら、出来高は平均を上回ればそれでよい。

そのあと市場はときどき小休止しながら上昇する。この上昇トレンドは9カ月以上続き、やがて息切れになり売りのクライマックスが発生する。

次は先物だ。これもまたニンジャトレーダーからのチャートだ。最初のチャートはダウのEミニ先物（YM Eミニ先物）だ。これはスキャルパーにとって非常に人気の高い指数先物で、原資産はダウ・ジョーンズ工業株平均である。

この指数には2つの種類がある。「スモール」ダウと「ビッグ」ダウだ。ここに示しているのは最小価格変動幅が5ドルのスモールダウである。ちなみにビッグダウの最小価格変動幅は25ドルである。私は新参者には必ずスモールからトレードすることを勧めている。指数トレードや先物を始めたばかりなら、ミニダウから始めるとよいだろう。

この例を示したのは、寄り付きに注目するためだ。前にも説明した

図10.10　ダウEミニの5分足チャート

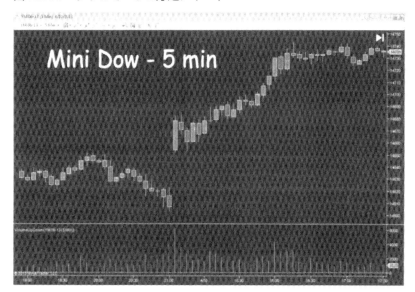

ように、ミニダウは今は実質的に24時間市場であり、寄り付きは一般に取引所が閉まってから夜間取引されている電子市場のトレンドに従うので、寄り付きにかつてほど驚かされることはない。

　では、チャートを見てみよう。市場は上に窓を空けて寄り付いている。したがって、電子市場も前日に引けてから上昇したはずだ。最初の足は出来高が多く、長大陽線だ。大口投資家が絡んでいると見られる。次の2本の足は陰線だが、出来高は減少している。したがって、市場はあまり大きくは動かないはずだ。2本目の足の下ヒゲは、上に窓を空けての寄り付きで利食いせよという合図であり、買い手が支配していることを示している。

　ここから市場は着実に上昇し始める。多少の押しはあるものの、反転する気配はない。小さく下落するたびに、それと同じくらい上昇する。これは出来高のトレンドにも現れている。上昇トレンドや下落トレンドにある出来高を見るときは柔軟性が必要だ。買いの出来高の最

245

初の「波」と２番目の「波」を比較してみると興味深いことが分かる。２番目の波の出来高は、最初の波の出来高より少なくなっている。したがって、この動きはやがて息切れし、おそらくそこが手仕舞いのタイミングだろう。しかし、このあとの値動きを見ると特に心配するようなことはなく、チャートの右側の陰線の出来高は非常に少ない。しかし、面白いのもここまでで、このあとは注意が必要だ。

　次のチャートへ進む前に、このチャートについてもう１つ言っておきたいことがある。

　寄り付き後の数本あとの足から始まる上昇によって、寄り付きで形成された最初の抵抗線を上にブレイクしたことが確認できることである。これは二次的な抵抗線水準にすぎないが、ポジションを取るうえで「自信を与えてくれるもの」だ。市場が保ち合いに入り、出来高が減少してくるチャートの右側でも同じことが言える。つまり、ここで手仕舞えということである。

　図10.11は、これもまたスキャルパーにとって非常に人気の高い指数先物のS&P500のミニだ。しかし、この指数はボラティリティが非常に高く、指数のなかでも大口投資家に最も操作されやすい指数である。このチャートは10分足チャートで、１日の全体と、その前後の日を示したものだ。

　チャートを左から右に見ていくと、その日の終わりに、まるで電柱のように出来高が非常に多い足がある。これは大口投資家が翌日に備えて大量に売っているからだ。この極端に多い出来高の足は流れ星だ。これは売られていることを示す確実なサインである。そのあと出来高を伴って陽線が現れているが、これはどっちつかずだ。つまり、大口投資家は売って、この水準に市場を引きとめようと悪戦苦闘しているということである。最終的には、この日は平均的な出来高の短い同時線で終了している。

　翌日、前日の引けとほぼ同水準で寄り付く。平均以下の出来高の長

図10.11　S&P500 Eミニの10分足チャート

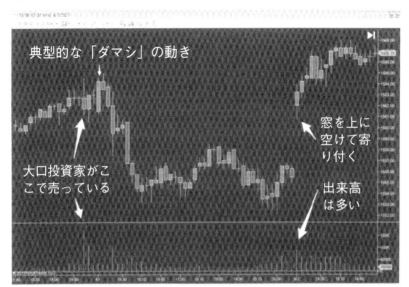

大陽線は大口投資家による典型的なダマシである。この出来高と、流れ星のあとに発生した陽線の出来高を比べてみよう。値幅は両方とも広いが、出来高が圧倒的に少ない。

これは明らかにダマシの上昇であり、これは前の夜に準備されていた。これはよく発生する典型的な動きだが、特に寄り付きで発生することが多い。先物市場でも現物市場でもこの動きを頻繁に目にするはずだ。相場師であれマーケットメーカーであれ、インサイダーはトレーダーたちをワナにはめるのが大好きだ。トレーダーたちが市場が開くのを心待ちにし、上昇や下落の動きを逃すまいとして感情的な意思決定をするこのときが、彼らにとって絶好のタイミングなのだ。彼らが売ると、市場は突然下落し始める。同じ立場にあれば、私たちも同じことをきっとやる。こうしたトリックを見抜く唯一の方法が出来高であるのは言うまでもない。いつでも、どんな市場でも、どんな時間枠でも、常に出来高から目を離してはならない。

そして、3日目に市場は上に窓を空けて寄り付く。出来高を見ると非常に多く、前日の出来高を大幅に上回っている。したがって、これは本物の動きだ。大口投資家が大量に買い、市場は上昇する。

　次のチャートに移る前に、1つ話しておきたいことがある。これまで出来高分析で使ってきたチャートは時間をベースにしたものだ。しかし、私も含めてトレーダーの多くは、市場によってはティックチャートを使うのを好む。ティックチャートを使ったことがない人は、ぜひこの機会に学習してほしい。理由は実に簡単だ。

　例えば、15分足チャートのような時間ベースのチャートでトレードする場合、各足は15分ごとに生成される。これに対して、80ティックチャートでトレードしている場合、各足は80ティックが終了するたびに生成されるので、生成にかかる時間は異なる。つまり、各足の生成にかかる時間は、市場のエネルギーと動きに依存するということである。出来高や市場の動きを見る方法はほかにもまだある。先物チャートのティックは売買の約定を記録したものだが、この約定は1枚かもしれないし、100枚かもしれない。市場が非常に活発で、大量の売買が行われている場合、例えばニュース発表のあとでは、80ティック足は素早く生成される。おそらくは数秒しかかからないだろう。何百という注文が短時間のうちに市場に入ってきて、その1つひとつがティックとして記録されるからだ。

　例えば、米雇用統計の発表のあとティックチャートを見ているとすると、各足はマシンガンのように次から次へと生成されるだろう。ティックはものすごいスピードでチャート上に印字されていく。しかし、各ティック足が生成されるのにかかる時間は異なる。したがって、ティック足の生成速度を見るとき、それはある意味で市場の内側、つまりこの熱狂的な売買による「出来高」を見ていることになる。

　これは時間ベースのチャートでは見ることはできない。時間ベースのチャートでは各足は決められた時間で生成されるからだ。しかし、

ティックチャートでは違う。これが時間ベースのチャートとティックチャートの大きな違いであり、フルタイムトレーダーやプロトレーダーがティックチャートしか使わないのはこのためだ。

これをあなたに分かりやすく説明しよう。次のシナリオのティックチャートを思い浮かべてみよう。

まず、上の例では、ニューヨークのトレードが始まり、雇用統計が発表される。80ティックチャートの各足は数秒で、あるいは数ミリ秒で生成される。同じチャートをアジアで夜間に見ているとしよう。アジアではおそらくは1つの市場の引けと別の市場の寄り付きが重なる。このチャートの各足が生成されるのには30秒、あるいは数分かかる。

重要なのはここだ。ティックチャートでは、市場の動きをローソク足が生成される速度で見ることができる。しかし、時間ベースのチャートでは、ローソク足が生成されるたびに価格が上昇したのか下落したのかしか分からない。これがティックチャートと時間ベースのチャートとの違いであり、多くのトレーダーがティックチャートを使ってのトレードを好むのはこのためだ。ティックチャートでは、「市場の内側」を見ることができる。これは私たちの出来高分析の強力な支えになる。結局、出来高とは「市場活動」であって、ティックチャートではこれを見ることができるのだ。

ティックチャートについての重要なポイントは、出来高もまたティックで表されるとするならば、私たちが見ることができるものは、80ティック（80の約定取引）を表す一連の同じ高さの「兵隊」である。この問題を解決するために、ほとんどのプラットフォームにはチャートを設定するときにティックボリュームかトレードボリュームかを選べる機能がある。したがって、チャートを設定するとき、ティックボリュームではなくてトレードボリュームを選べば、出来高はトレードサイズで出力され、さまざまな出来高の足が得られる。

図10.12はコーヒー先物のチャートを示したものだ。この日はや

図10.12　コーヒー先物──80ティックチャート

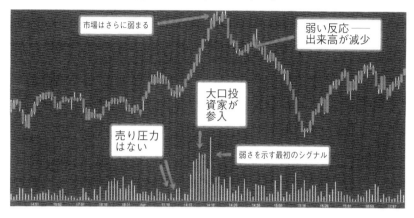

や上昇して寄り付いたあと、反転して下落している。しかし、チャートを見ると分かるように、この時点では売り圧力はほとんどない。

　市場は下落しているが、出来高も減少している。したがって、この相場は長くは続かない。

　ここで大口投資家が市場に参入する。出来高は突然増加し始め、市場も実体の大きいローソク足を伴って上昇する。しかし、9本目の出来高の足で弱さの最初のサインが現れる。出来高は極端に多いが、値動きはそれほど大きくないからだ。ローソク足の実体は確かに大きいが、その前のローソク足や値動きからすれば、市場の反応はもっと大きくてもよいはずである。ローソク足には短い上ヒゲがあるだけだが、これは弱さのサインであり、大口投資家の悪戦苦闘が始まる。

　そのあと、市場は出来高が平均を上回り、上ヒゲのある短小陽線を伴って保ち合いに入る。これは上昇トレンドで最初に見た弱さを確信させるものだ。そのあと、市場は反転して大商いを伴って下落する。上昇しようという試みは価格の上昇と出来高の減少に現れている。これはさらなる弱さのサインとなる。これは流れ星を伴う値動きによってさらに確信的となる。流れ星はそのあと続く下落の引き金だ。

面白いのは、この例はこの目的のために加えたわけではないが、下落のあとの上昇が、買いの出来高やストッピングボリュームを伴うことなく発生していることである。これはそれ自体不審な動きだ。これは非常に大きな下落で、速い日中チャートであるにもかかわらず、私たちは底で大商いが発生すると思っている。つまり、これは出来高を伴わないダマシの上昇なのだろうか。そうではない。ここは注意しなければならない箇所だ。

　上昇するときの出来高は極めて多いため、この日のどこか違う場所での出来高を歪めてしまう可能性がある。その先の下落の底の出来高は平均を大幅に上回る。これは明らかに上昇トレンドでの出来高による歪みだ。翌日、市場は下落し、その日は上昇することはなかった。覚えておいてもらいたいのは、トレードしている投資対象が何であれ、どれくらいの出来高が多いのか少ないのか平均的なのかというのを、しっかりと把握しておかなければならないということである。そうすれば、こうした極端な出来高が現れても、その日の残りの時間帯がどうなるのかを見誤ることはない。

　本章を締めくくるにあたり、世界で最も広くフォローされている指数の１つを見てみることにしよう。それはダウ・ジョーンズ工業株30種平均だ。ダウ平均は金融市場のことをあまりよく知らないメディアからは米国経済の主要ベンチマークと考えられているが、そうではない。しかし、気にすることはない。これについてはまた別の機会に話したいと思う。

　私が本章の締めくくりにこの指数を選んだのは、これがVPAがどんな時間枠でも、どんな投資対象でも、どんな市場でも機能することを実証するのに最適と考えたからである。**図10.13**はダウ平均の週足チャートを示したものだ。主要指数は長期のものが鍵となるため、本書を読んでいる投資家にとって、これは打ってつけの時間枠だ。

　このチャートをざっと見ただけでも、どこで大きな買いがあったか

図10.13　DJ30の週足チャート

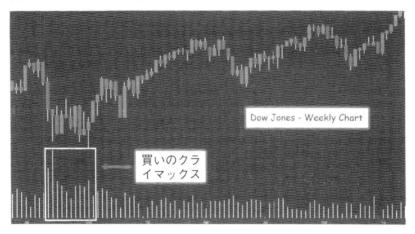

は一目瞭然だ。こうした明確な状態ではVPAはより一層威力を増す。このチャートを見ると、極端な高値や極端な安値、あるいは一定の領域に出来高が集中するという例外に目がいくはずだ。そこからさらに掘り下げて、よりマクロな視点で市場を見ていくとよい。これは市場が上昇したあと少し反転して、再び上昇し、そして逆U字状の丸い天井で再び反転するという典型的なパターンだ。

　マーケットメーカーは11週間にわたって市場に大きく参入（四角で囲んだ出来高に注目）し、そのあとの６週間から８週間にわたって市場をこの水準に維持している。したがって、この領域で４〜５カ月にわたって保ち合いが続いている。これはアキュミュレーション（買い集め）が行われている期間で、これが終わるまで市場が動くことはない。

　ここでだれもが思うのは、この市場状態はいつまで続くのか、である。この答えを与えてくれるものが出来高だ。アキュミュレーションから市場は平均的な出来高を伴って、極端に上昇したり下落したりすることなく、一定のペースで上昇している。大きな反転が起こるには、

この時間枠で売りのクライマックスが発生する必要がある。しかし、今のところは売りのクライマックスは発生していない。

　売りのクライマックスが発生したら、VPAトレーダーの私たちには、見ているチャートが月足チャートだろうが、週足チャートだろうが、日足チャートだろうが、すぐに分かる。出来高は隠せないのだ。マーケットメーカーがトリックを使って大きな注文を隠そうとしても、日々の出来高はだれもが見ることができる。彼らは賢いかもしれないが、出来高を隠す方法はない。

　次章では、値動きとそれに関連する出来高を分析するにあたってのさらなるガイドラインとなる価格パターンについて説明する。

第11章
すべてを1つにまとめよう
Putting It All Together

「市場は偶然によって動くのではなく、戦場のように確率によって動くのだ」──デビッド・ドレマン(1936年~。『株式投資は心理戦争』[パンローリング]の著者)

　本書もそろそろ終わりに近づいた。そこで、出来高を主要インディケーターとして使ってきたこの16年間にわたる経験に基づいて、私の考え、観察、アドバイス、コメントを述べたいと思う。前にも言ったように、私にとってトレードの学習とトレードの旅を出来高から始められたことは幸運だった。これによって莫大な時間を無駄にすることなく、トレードや投資で莫大なお金を儲けることができた。熱心なトレーダーは機能しないシステムや手法に何年も無駄な時間を費やし、その結果、大金ばかりか、自信まで失ってしまう。そして、彼らの大部分は最終的にはあきらめてしまう。
　しかし、こうしたトレーダーや投資家のなかにも出来高の威力に気づく人がいる。私のようにこの手法をすぐに受け入れる人もいれば、そうでない人もいる。もしあなたが後者のグループに属する人なら、本書があなたにVPA(出来高・価格分析)の威力を理解させる一助となったのなら幸せだ。しかし、もしVPAが合わないと思うのなら、あなたが無駄にしたのは本書に支払った数十ドルだけである。VPAが論理的でしっくりくると思ったのであれば、私にとってこれ以上の喜びはない。生涯にわたる成功があなたを待っている。ただし、私が本書で説明した原理に従えばの話だが。
　さて、本章では私も使っているそのほかの分析テクニックを紹介し

たいと思う。これらのテクニックにVPAを組み合わせることで、あなたのトレードスキルは大幅に向上するはずだ。

最初のテクニックは価格パターン認識である。これは保ち合いの重要性を述べたときに説明したが、ここでは実例を使って説明したいと思う。ブレイクアウトや反転で重要になるパターンも紹介する。これらはすべてVPAに直結するものだ。

価格パターン認識をここで再び取り上げたのは、以前の章では出来高と価格の関係に重点を置き、チャートの全体的な値動きについてはあまり見なかったからだ。本書はVPAを段階的に説明することを旨としている。ここでの説明はVPAの知識層を増やすのに役立つはずだ。

本章での実例は保ち合いとそれに続く反転およびブレイクアウトに焦点を当てる。これによってこれらの値動きはあなたの脳裏に深く刻まれることだろう。

最初の例はケーブル（GBP/USD［英ポンド/米ドル］の通貨ペア）の15分足チャートである。

図11.1のチャートは保ち合いと出来高のブレイクアウトとの関係を示す完璧な例だ。チャートを見ると分かるように、この局面は70本の足がある。

ピボットローが保ち合いに入る合図だ。ここが保ち合いの床になり、2本あとの足に平均を上回る出来高を伴うピボットハイが形成される。市場は弱く、上昇にはまだほど遠い。そのあと市場は下落し、出来高も減少する。したがって、市場はまだ弱さが続いているが、これは持続されるものではない。この理由は明白だ。価格が下落し、出来高も減少しているからだ。出来高はさらに減少し、買いと売りがせめぎ合っている。市場が保ち合いで横ばいになると、ピボットハイが2回形成され、そのあとでピボットローが形成される。

このあと、保ち合いの天井と床ではピボットハイとピボットローが連続して現れている。前にも述べたように、これらの水準は鉄の棒で

図11.1　GBP/USDの15分足チャート

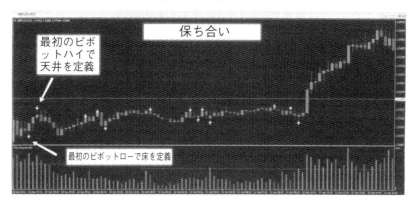

はなく、ゴムバンドのような柔軟性のあるものと考えてもらいたい。

　チャートを見ると分かるように、ピボットポイント（上向きと下向きの小さな矢印）は直線状ではなく、多少上下している。市場は直線状には動かないからだ。そして、テクニカル分析はアートであって、科学ではない。トレンドの変化を予測しようとする出来高ソフトウェアが信頼が置けないのはこのためだ。この分析は手動でやるしかない。

　市場は保ち合いを続けているため、私たちは今ブレイクアウトを促すようなきっかけを探しているところだ。そんなとき、英国の経済データが発表された。確か、RPI（小売物価指数）だったと思う。しかし、重要なのはデータの発表ではなく、市場がどう反応するかである。

　ここで抵抗線（天井）を上抜けてブレイクアウトが発生。この水準はこのあと支持線になる。ブレイクアウトの章で私が言ったことを覚えているだろうか。本物のブレイクアウトかどうかを確認するには、まず第一に、終値が保ち合いを上回っていなければならない。ここではブレイクアウトの最初の足がそうなっている。これは長大陽線だ。次に、これが妥当な動きかどうかをチェックする必要がある。このブレイクアウトの足の出来高を見るとかなり多いので、これは妥当な動

きであることが分かる。

　保ち合いがかなり長い期間続いたので、ブレイクアウトするには相当の努力が必要だが、今買い手が市場を上昇させようとしているところだ。この動きに乗るべきだろうか。もちろんだ。これぞまさに私たちが待ち望んでいた動きである。保ち合いの間、忍耐強く待ち続け、ついに促進剤が現れて、市場は出来高を伴って上昇している。

　さらに、長く続いたこの保ち合いの下には価格の自然な保護水準が形成された。したがって、損切りは最後のピボットローの下に置く。ここでは時間も重要な役割を果たし、原因と結果の法則が働いている。保ち合いが長く続いたので、それによって生み出される結果は原因を形成するのにかかった時間を反映していなければならない。つまり、ブレイクアウトのあとのトレンドは保ち合いと同じくらい長くなるはずだということである。したがって、必要なのは忍耐力だ。

　最後に、ブレイクアウトについて重要なポイントがもう1つある。これは前の章でも言ったが、ニュースは出来高によって裏付けられる、ということである。マーケットメーカーは、このデータが英ポンドにとって良いニュースであることを確認し、市場がそれに反応した。市場が保ち合いを抜けて上昇すると、出来高も再び増加した。そして、前に述べた鮭のたとえ話のように、またトレンドが生まれた。

　これぞまさに保ち合いの威力だ。保ち合いはトレンドと反転を生む場所なのだ。このケースの場合、天井がブレイクされた。しかし、ここは床でもあった。方向は無関係だ。私たちは、ブレイクアウトが本物であることを出来高によって確認し、それに応じてトレードしたいだけである。

　図11.2の2番目の例もまたGBP/USDの例である。ここに示したものはおよそ4日にわたる1時間足チャートだ。

　それでは重要なポイントを説明しよう。チャートを見ると分かるように、市場はずっと上昇基調にあったが、長大陰線から下落している。

図11.2　GBP/USDの１時間足チャート

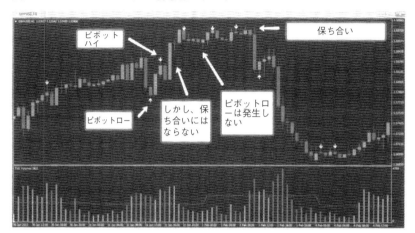

このあと、平均を上回る出来高の短小陰線が続く。これはこの下への反転で買われていることを示している。次の長大陽線で市場は上昇する。したがって、短小陰線がピボットローになる（小さな矢印）。このあとピボットハイが現れるはずだ。これで保ち合いのレンジが決まる。

　ピボットハイは２本あとの足に現れた。ここで保ち合いに入ることを期待する。さらなるピボットが現れれば保ち合いのレンジが決まる。しかし、次の足がこの領域を上にブレイクして、この領域から遠ざかる。私たちの期待に反して、保ち合いにはならなかった。市場は出来高を伴って上昇しているため、これは上昇トレンドにおける小休止にすぎないことが分かる。

　それから２本あとの足に再びピボットハイが現れる。したがって、このあとピボットローが現れるはずであり、それによって保ち合いのレンジが決まる。市場は出来高が少なく、保ち合いに入る。上昇するたびにピボットハイが形成され、天井が形成されるが、床を形成するピボットローが現れない。これは何か問題があるのだろうか。

この例を取り上げたのはまさにこのためであり、問題は何もない。
　ピボットは３本の足で構成され、真ん中の足がピボットになる。したがって、ピボットはこの領域を目で確認するのに役立つ。また、ピボットは私たちが値動きのどこにいるのかを知らせてくれる「ロードマップ」でもある。しかし、ときにはピボットハイが現れなかったり、ピボットローが現れなかったりすることがあり、そういった場合は目で確認するしかない。結局、ピボットはロードマップシグナルを見やすくするためのインディケーターにすぎない。このケースの場合、ピボットハイは形成されるが、それに対応するピボットローが現れない。したがって、床がどの辺りになるのかは予想するしかない。
　4本あとの足で市場は再び上昇し、２番目のピボットハイが形成される。２番目のピボットハイが現れたので、天井が定義され、これが抵抗線になる。次の３本の足は下落し、同じ水準で止まり、再び上昇に転じる。市場は下落して、出来高も減少しているため、市場はこれ以上は下がらないことが分かる。この値動きで支持線となる床が定義された。この水準で保ち合いに入っていることは出来高によって確認することができる。
　テクニカル分析ではどんな分析手法を使うときでも、ゆとりと常識が必要だ。市場が保ち合いに入るとき、いつでも完璧なピボットハイとピボットローの組が生成されるわけではなく、ここでも出来高に裏付けられた常識が必要になる。この保ち合いに入るとき、出来高を見ただけでそれが分かる。出来高はすべて平均を下回っている（平均は点線で示した水準）。したがって、すでに保ち合いに入っていることが分かる。ピボットは保ち合いのレンジを決めるための補助にすぎない。
　ピボットはもちろん重要だが、保ち合いの始まりを決めるのは出来高なのである。ピボットハイとピボットローはトレーディングレンジの天井と床を決めるための補助にすぎない。ピボットハイやピボット

ローが形成されないときは、目と常識を使ってこの領域を判断するしかない。

ここで、航海を例に取って考えてみよう。航海ではナビゲーションの方法は2つある。1つはGPSを使う方法で、これは簡単だ。もう1つは昔ながらの方法で、地図、コンパス、時計、潮の流れ、経路上の地点情報を使う方法だ。試験に合格してヨットをチャーターするためには、両方の知識が必要だ。理由は簡単だ。船上で電源を喪失したら、地図を使ってナビゲートできなければならないからだ。市場でも同じことが言える。

チャート上の値動きと出来高を使えば私たちが今どこにいるかは分かる。ピボットは、値動きを素早く簡単に特定するための視覚的なガイドにすぎない。

図11.2の例に戻ろう。床は値動きによって定義され、天井はピボットハイによって定義された。私たちは次なるシグナルを待っている。それは首吊り線として現れる。これは今までの例では見たことのないローソク足の1つだ。ここで出来高が平均をはるかに上回り、急激に増加する。このあと、市場は長大陰線で保ち合いの床を下にブレイクする。ここで保ち合いは、既存のトレンドの継続ではなく、トレンド転換へと発展したことが分かる。

売りポジションを取るタイミングはここだ。市場は小休止のあと上昇しているが、出来高は減少している。さらに、再び首吊り線が現れる。これは市場がこのあとさらに弱まることを示している。安心なのは、この上に保ち合いという目に見えない障壁があることである。

かつては支持線（床）だった水準が、市場の上昇に伴って今度は抵抗線（天井）になった。保ち合い領域がトレーダーにとって重要なのはこのためである。保ち合い領域はトレンド反転やブレイクアウトを生む場所であるだけでなく、市場が作った自然の保護障壁にもなるのである。損切りを置く位置としては、この障壁に置くのがよい。

上に抵抗線が形成された状態で、市場は見事な弧を描きながら急落する。しかし、下降トレンドが形成されるとき、出来高も減少している。したがって、このトレンドは長くは続かないことが分かる。7時間下落が続いたあと、底を付けて、今度は別の水準で保ち合いに入った。

　何の偶然か、ここでもピボットハイは形成されるが、ピボットローはない。しかし、出来高と値動きからは今私たちがどこにいるのかははっきり分かる。私たちが今待っているのは次の局面の始まりである。それは数時間後に始まった。私たちはこれをどうやって知ることができるのだろうか。その答えを与えてくれるのが出来高だ。ブレイクアウトすると、平均を上回る出来高が発生する。これを私たちは待っていたのである。

　この4日にわたる例からは、いろいろなことが分かってきたのではないだろうか。私は特に意識してこの例を選んだわけではないが、これはこれまでの例で述べてきた概念をよく示す良い例である。

　チャートを読むことは難しくはない。どんな市場も同じように動く。少しだけトレンドを形成したあと、保ち合いに入り、そのあと再び元のトレンドに戻るか、反転する。VPAの威力を理解し、それを保ち合いについての知識と組み合わせれば、目的地点まで9割到達したも同然だ。あとは忍耐、忍耐、忍耐あるのみだ。

　さらに、VPAがあなたに与えてくれる力と、それがあなたとあなたの家族に与えてくれる経済的自立を認識して、感謝するはずだ。そのためには若干の努力は必要だが、見返りは大きい。VPAをしっかり学習する覚悟があれば、値動きが発生する前にそれを予測し、それに基づいてお金儲けするスリルをエンジョイすることができるはずだ。

　さて、ここで本書で以前少し触れたきわめて重要な概念をもう一度見てみることにしよう。これは私のトレードアプローチにとっては不可欠なものだ。これは特別なものではなく、どういった市場にも、ど

ういった投資対象にも応用することができる。これはVPAに独特なものではない。これは、ほとんどのトレーダーが使っている従来の1次元のアプローチとは違って、値動きを3次元的に見ることができるものだ。このアプローチの最大のメリットは、トレードのリスクを評価して、数値化することができることだ。

このアプローチでは、価格と出来高を分析するのに複数の時間枠を使う。どんなトレードのリスクも管理・数値化し、そのトレードの相対的な強さ・弱さや期間を評価することができる。つまり、複数の時間枠を使うことで、支配的なトレンドを把握し、そのトレードのバイアスを知ることができるということである。

図11.3は3つの時間枠を示している。サイズは異なるが、これらのチャートには価格と出来高が表示されている。この分析法は私がオンラインやオフラインのセミナーで教えているものだ。

図11.3にはケーブル（GBP/USD）の3つのチャートを示している。上のチャートは30分足チャートで、いわゆる「ベンチマーク」となるチャートだ。これら3つのチャートのうち、私たちにバイアスを教えてくれるのがこのチャートで、ほかの2つのチャートを対応付けるためのチャートだ。左下のチャートは5分足チャートで、右下のチャートが15分足チャートだ。これらのチャートはすべて私の好きなFXプラットフォームのMT4からのものだ。

30分足チャートに矢印で示している足は流れ星で、出来高は極めて多い。したがって、市場が弱いことを示している。流れ星の1本前の足は実体が小さく、これもまた出来高が極めて多い。したがって、これは市場の弱さを示す最初のシグナルになる。これは短い時間枠ではどうなっているだろうか。15分足チャートでは流れ星は2本の足によって表され、5分足チャートでは6本の足で表されている。四角で囲んだ部分がこれに相当する。

3つのチャートを使った理由は簡単だ。私の主要なトレードチャー

図11.3　GBP/USD──複数の時間枠

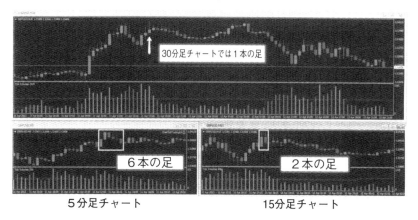

トは「真ん中」の時間枠のチャートだ。この例では15分足チャートになる。しかし、MT4のチャート設定を使えば、30分足チャート、60分足チャート、240分足チャートの組み合わせも可能で、この組み合わせでは60分足チャートが真ん中の時間枠のチャートになる。しかし、この例では5分、15分、30分の組み合わせを使うので、主要チャートは15分足チャートになる。

　ベンチマークである30分足チャートは、長い時間枠での私たちの位置を教えてくれる。望遠鏡を使って値動きを見ているとしよう。30分足チャートでは少し離れた場所から値動きを見ているので、過去数日分の値動きを見ることができる。

　望遠鏡を使ってズームインして、15分足チャートを見る。次に、さらにズームインして5分足チャートを見る。15分足チャートを使えば、値動きの両側を見ることができる。長い時間枠は長期トレンドのどこにいるかを教えてくれ、短い時間枠では関連する値動きを詳しく見ることができる。

　30分足チャートの流れ星は、弱さを表す明確なシグナルで、15分足チャートではこれは出来高の多い2つの陽線で表される。これは長い

上ヒゲがあり、天井を形成している。この値動きを15分足チャートだけで見ると、はっきりしない。

　２本の足を１本の足にしたときに結果がどうなるのかを知るには思考の飛躍が必要だ。これを教えてくれるのが30分足チャートだ。そしてもっと重要なのは、もしポジションを建てているとすれば、15分足チャートよりも30分足チャートのほうが市場の弱さをすぐに認識することができる点だ。したがって、１本の足のほうがよい。

　２本の足を１本の足にするのが難しいのなら、６本の足を１本にするのはほぼ不可能だ。そのあと市場は保ち合いに入るが、これもまた短い時間枠よりも長い時間枠のほうがよく分かる。チャートをすっきりさせるために、ピボットポイントはあえて記していない。

　さらに、長い時間枠のチャートでは、「支配的」なトレンドがよく分かる。30分足チャートの支配的なトレンドが上昇トレンドで、15分足チャートの上昇トレンドでポジションを取った場合、そのトレードのリスクは減少する。なぜなら私たちは支配的なトレンドに沿ってトレードしているからだ。私たちは流れに逆らわず、流れに沿ってトレードしている。潮の流れに沿って泳いでいるわけである。

　長い時間枠の支配的なトレンドに逆らってポジションを取った場合、これはカウンタートレンドトレードになる。その場合、支配的なトレンドに逆らってトレードしているわけだからリスクは高くなり、支配的なトレンドは逆方向なので、ポジションを長くは保有できない。

　つまり、私たちはここでは押しでトレードしているわけである。トレードにおいてはすべては相対的なので、これには問題は何一つない。日足チャートの反転は数日続くかもしれないのだから。これはすべて時間枠に関係してくる。

　複数の時間枠を使う３番目の理由は、市場を伝播するトレンドの変化を察知できることである。池のさざ波を想像してみよう。小さな池の真ん中に小石を投げると、小石が水を押して、さざ波が立ち、池の

端に到達する。これと同じことが市場でも起こる。

　トレンドの変化は短い時間枠でその予兆が現れる。価格と出来高がいきなり変化する。これが本物の変化なら、効果は主要チャートでも現れる。この場合の主要チャートは15分足チャートだ。そして、その変化は30分足チャートにも伝わる。

　長い時間枠から短い時間枠へ、そして短い時間枠から長い時間枠へと目を転じ、これら３つの時間枠の間で手掛かりを探し、シグナルを確認する。分析の中心にあるのがVPAである。VPAはどうも合わないと思っても、複数の時間枠を使ってトレードすることはパワフルなアプローチであり、これによって市場を３次元的に見ることができる。３つ以上の時間枠を使ってもよいが、私には３つで十分だ。おそらくはあなたも３つで十分なはずだ。

　本章を締めくくるにあたり、ローソク足パターンについて手短に説明しておこう。これらのローソク足パターンは私が常に機能すると思うパターンだ。これらのパターンは特に支持線と抵抗線、および保ち合いで最もよく機能する。

　市場が保ち合いにあるときにこれらのパターンを探し、VPAと複数の時間枠を使って次なる動きに備えることで、あなたのトレードにさらなる奥行きを与えてくれる。ここで見ていくパターンは、下降三角形、上昇三角形、ペナント、トリプルトップ、トリプルボトムだ。

　それでは、**図11.4**に示した下降三角形から見ていこう。その名前が示すように、下降三角形は弱さを表すサインだ。保ち合いに入っていることは出来高からすぐに分かるが、このケースの場合、市場は保ち合いのなかで下落している。上昇を試みるたびに高値が切り下がる。これは弱さを表す明らかなサインだ。市場がブレイクアウトするとすれば、下方にブレイクアウトする可能性が高い。なぜなら、上昇しようとしても、高値を徐々に切り下げているからだ。保ち合い領域の床は明確で、下方へのブレイクは出来高によって示される。

図11.4　下降三角形――5分足チャート

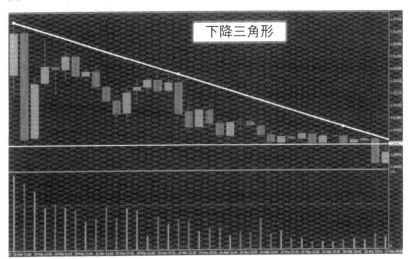

　すべての価格パターンと同じように、下降三角形もすべての時間枠、すべてのチャートで現れる。ワイコフの原因と結果の法則を覚えているだろうか。原因が大きければ、結果も大きくなる。このケースの場合、見ているのは5分足チャートだが、このタイプの保ち合いは日足チャートや週足チャートでも現れ、ブレイクアウトすると新たなトレンド、トレンド転換が発生する可能性が高い。

　図11.5はEUR/USD（ユーロ/米ドル）の日足チャートを示したものだ。上昇三角形は上昇パターンであることが分かる。この例では、市場は上昇し、同じ天井レベルを試している。各足の安値が徐々に切り上がっていることから、市場は上昇していることが分かる。もし市場が下落しているのであれば、各足の安値は切り下がっていくはずだ。しかし、安値は切り上がっている。したがって、市場センチメントはプラスであることが分かる。また、天井（抵抗線）に近づくと、ブレイクアウトしそうな雰囲気がある。これは出来高で確認できる。抵抗線を抜けると、今度は天井が支持線になり、そこがポジションを取っ

図11.5　上昇三角形――日足チャート

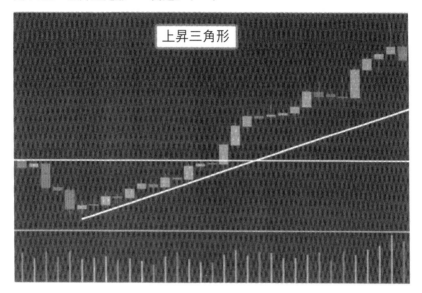

たときに損切りを置く自然な障壁となる。

　次のパターンはペナントだ。マストの三角旗（ペナント）に似ていることからこう呼ばれる。

　図11.6はちょっと長い時間枠のチャートだ。マイクロソフトの1時間足チャートで、非常に長い保ち合いに入っている。最後のブレイクアウト前の価格の収縮に注目しよう。

　市場が上昇しようとするたびに高値が切り下がり、安値は切り上がっている。チャートを見ると分かるように、上方にブレイクアウトしようともがいている様子がうかがえる。こうした価格の緊張がこのユニークなパターンを生みだす。これらのフォーメーションすべてに言えることだが、原因と結果の法則が当てはまる。ペナントの場合、緊張が長く続くほど、「コイルばね」の値動きも続く。

　そして、この値動きのなかにたまったエネルギーが爆発的なブレイクアウトという形で解き放たれる。問題は、このパターンは前の2つ

図11.6　ペナントパターン——月足チャート

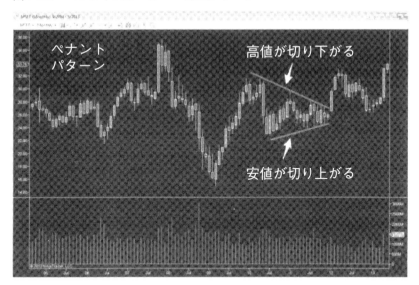

のパターンと違って、どちらの方向にブレイクアウトするかが分からない点だ。このパターンはオプションの方向感のない戦略をトレードするには良いが、トレンドトレードでは辛抱強くブレイクアウトするのを待つしかない。

　最後の2つのパターンは、私がいつも心待ちにしている反転シグナルだ。市場は上昇したり下落したりして、今、支持線や抵抗線を試している。これまでのパターンと同様、このパターンもすべての時間枠、すべてのチャートで発生する。以下に示すのは、抵抗線まで上昇して、抵抗線を上方にブレイクアウトしようともがいているパターンだ。

　図11.7はAUD/USDの日足チャートの典型的なトリプルトップパターンだ。1.0600水準を3回試しているのが分かる。過去数年にわたってこの領域は繰り返し試されてきたが、昨年は3回試され、その都度失敗している。ここには2つの機会がある。

　1つ目は、VPAと複数の時間枠分析によって確認できた場合、売

図11.7　トリプルトップ——AUD/USDの日足チャート

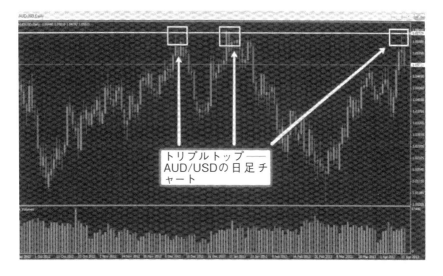

トリプルトップ——AUD/USDの日足チャート

ることだ。2つ目は、市場がこの領域を上にブレイクし、この天井がブレイクされたら、ここは強力な支持線水準になる。

トリプルトップの逆がトリプルボトムだ。

トリプルボトムパターンでは、市場は支持線を試すが、そのたびに跳ね返される。ここに示しているのはEUR/CHF（ユーロ/スイスフラン）の1時間足チャートで、典型的なトリプルボトムパターンのフォーメーションが形成されている。

トリプルトップと同様、トリプルボトムにも2つのトレード機会がある。VPAによって確認されたら買いポジションを取るか、下へのブレイクアウトを待って、支持線領域の下で売りポジションを取るかのいずれかだ。下へブレイクアウトすれば、この水準は強力な抵抗線となる。

これらのパターンはどんな投資対象や市場でも見ることができる。債券でもコモディティーでも株式でも通貨でも現れ、すべての時間枠で現れる。

図11.8　トリプルボトム——EUR/CHFの１時間足チャート

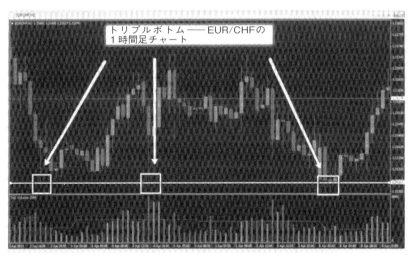

　これらのパターンには共通点が１つある。２つの兆候を示すことで、私たちにトレード機会を与えてくれることである。１つは、保ち合い領域で、もう１つは天井（抵抗線）や床（支持線）を形成する市場だ。そこからは必ずブレイクアウトし、トレンドが反転するか、トレンドが継続する。ここでやらなければならないことは、値動きをVPAやVAPを使って確認することである。VAPはこれらの領域をチャート上に目に見える形で示してくれる。

　最終章では出来高に基づくトレードテクニックをさらに発展させていく。この100年間、アプローチや基本的な概念はほとんど変わっていない。おそらく今がこのテクニックをさらに発展させる時期ではないかと思っている。

第12章
出来高と価格——次世代に向けて
Volume And Price – The Next Generation

「私にとっての最大の成果は、儲けた金額の多寡ではない。無形のものである。つまり私が正しかったということだ。常に未来を見据え、明確なプランに従ってきた」——ジェシー・リバモア（1877年～1940年。『孤高の相場師リバモア流投機術』［パンローリング］の著者）

　本書の初めに私は、トレードには新しいものは何一つない、と言った。出来高に関してはこれは正しい。その基礎は前世紀の伝説的なトレーダーたちによって築かれ、それ以来、ほとんど変わっていない。この手法は昔同様、今でも有効だ。唯一変化したものと言えば、テクノロジーと市場である。それ以外の原理は昔も今も同じである。

　とは言うものの、出来高信奉者として、私は自分のトレードキャリアの拠り所となるこの分析アプローチの発展の可能性を常に模索している。それを無視しては私は大バカ者になってしまう。1990年代以前は欧米のトレードではローソク足など聞いたこともなかったが、今ではテクニカルトレーダーのデファクトスタンダードになっている。

　この最終章では、VPA（出来高・価格分析）の最新情報をお届けする。新しくて、かつ革新的なテクニックだ。私自身はまだ使ったことがないため、本当に役立つものなのかどうかについてはコメントは差し控えさせていただくが、ここでこれを紹介するのは重要だと感じている。なぜなら、将来的に本書の改訂版が出るとき、新たな章として加えるつもりだからだ。そのときには私もトレードに取り入れようと思っている。

エクイボリューム・チャート

「エクイボリューム」という出来高と価格の分析は、『**相場心理を読み解く出来高分析入門**』(パンローリング) の著者であるリチャード・アームズによって考案され、1994年の『ボリューム・サイクル・イン・ザ・ストック・マーケット (Volume Cycles In The Stock Market)』で初めて紹介された。これは、出来高は時間よりも重要なものとして、時間の代わりに出来高をＸ軸で表し、Ｙ軸は従来どおり価格を表したものだ。このアプローチでは、出来高はチャート下の独立したインディケーターとして表されるのではなく、足の幅で表されるため、相場の動きが分かりやすい。Ｘ軸を時間の代わりに出来高で置き換えることで、「時間」的要素は取り除かれ、出来高と価格の関係にのみ焦点が当てられる。

この関係は「箱」の形で表される。箱の縦の要素、すなわち高さは、その日の高値と安値を表し、横の要素、すなわち幅が出来高だ。もちろんこの幅は変化する。したがって、チャート上にはローソク足ではなく、サイズの異なる連続する箱が表示される。この箱を見れば出来高と価格の関係がひと目で分かる。時間的要素はチャートの下に別の軸で表される。これがなければ、私たちが今どこにいるのかは分からない。

アームズは言っている。

市場が腕時計をしているとするならば、それは時間ではなくて株数を刻んでいる。

以前私が話したティックチャートでのトレードを一言で言えばこうなる。結局、時間は人間が作り出した概念であり、市場はこれを無視することができる。ティックチャートでトレードする良さは、市場の

図12.1　エクイボリュームの箱

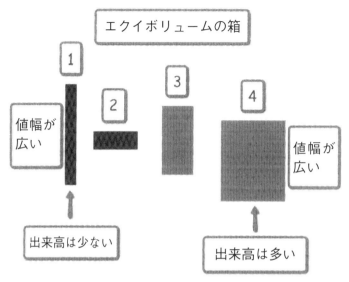

「速度」でトレードできる点だ。これに対して、時間ベースのチャートでは、私たちの選んだ時間枠を市場に強要していることになる。小さな違いかもしれないが、重要な違いだ。ティックチャートでは市場の速度でトレードできる。しかし、時間ベースのチャートではこれは不可能だ。

時間という「いつわり」の要素を分析から取り除き、出来高と価格という2つの要素の純粋で有意義な関係を生みだすエクイボリュームにも同じことが言える。

それでは、この箱がどのように生成され、それが出来高と価格の関係について何を語っているのか見てみることにしよう。エクイボリュームの箱を示したものが**図12.1**である。

各箱のX軸は出来高を表し、Y軸が価格を表している。箱1は狭いが高さは高い。したがって、出来高は少ないが、値動きは広い。したがって、これは、出来高の少ない長大陽線と同じである。

箱2は箱1の逆で、値幅は狭いが、出来高は多い。箱の上と下は高値と安値であって、始値と終値ではないことに注意しよう。したがって、これは出来高が平均以上か多い短小線、つまり例外ということになる。

　箱3は「ノーマル」な箱だ。出来高もそこそこあり、価格変動にマッチしている。

　最後の箱4は出来高も価格も極端に大きい。箱の幅が広いので出来高は平均を上回り、値動きも大きい。箱3と同じく、原因と結果の法則が成り立つ。

　箱の色は終値によって決まる。終値が前の終値を上回っていれば箱の色は黒で、終値が前の終値を下回っていれば箱の色は赤だ。

　アスペクト比を適正に維持し、チャートを意味のあるものにするために、出来高はその期間の実際の出来高をチャート全体の出来高で割って正規化する。この箱には時間的要素は含まれていないが、時間はチャート下の別の軸で表示されている。

　ローソク足から離れ、これらの箱でトレードするのは難しそうに思えるかもしれないが、本書で説明したテクニックは有効だ。このアプローチを使うときに重要なのは、箱とその形と、トレンド内での位置である。通常のVPA同様、保ち合いからのブレイクアウトはエクイボリュームトレードでも重要だ。エクイボリュームでは保ち合いからブレイクアウトするとき、出来高が多く、値幅の広い「パワーボックス」が現れる。VPAでは、出来高が平均を上回る長大線がこれに相当する。原理はほとんど同じだ。異なるのは表示方法だけである。

　ここで私の個人的な意見を述べたいと思う。

　価格と出来高を1つの「箱」で表示するという考え方は嫌いではない。箱を見れば、価格と出来高の関係、例えば、価格が高くて出来高が少ないとか、例外であるとか、どちらも平均的といったことはひと目で分かる。問題は時間を取り除いたことである。ワイコフも言った

ように、トレンドがどこまで伸びるのかは、原因と結果の法則によって決まる。つまり、時間は出来高と価格の関係を示す第三の要素なのである。時間を取り除けば、このアプローチは３次元ではなく２次元になってしまう。本書を通じて述べてきたように、保ち合い期間が長いほど、市場がブレイクアウトしたあとのトレンドは長く続く。保ち合いとはトレンドが生まれる場所であり、次に動き出す前の小休止である。時間的要素を取り除けば、それは私にとっては出来高・価格分析の柱の１つを取り除くことを意味する。時間的要素はそのあとのトレンドの強さを判断するのに不可欠な要素なのだ。

これは私の意見であって、あなたにはエクイボリュームをさらに探究してもらいたい。エクボリュームのもう１つの問題点は、ローソク足の良さが損なわれているという点だ。それを補うものがローソクボリューム・チャートだ。

ローソクボリューム・チャート

ローソクボリュームとはその名のとおり、エクイボリュームと従来のローソク足を組み合わせたものだ。従来の始値、高値、安値、終値の４本値を使ってローソク足を描き、それにエクボリュームの箱を重ねたものがローソクボリュームである。つまり、出来高のアスペクト比によって異なる幅のローソク足に、上ヒゲと下ヒゲが付いたものがローソクボリュームである。これを示したものが**図12.2**である。

エクイボリュームよりは分かりやすいのではないだろうか。このチャートでは、ローソク足の幅が異なるが、これは出来高を表している。値動きは従来どおり高さで表されているが、始値、高値、安値、終値が表示されている点がエクイボリュームと異なる。また、ヒゲも従来のローソク足同様に表示される。このアプローチについては私はまだよく研究していないが、メリットはあるはずだ。少なくともエクイボ

図12.2　ローソクボリューム・チャート

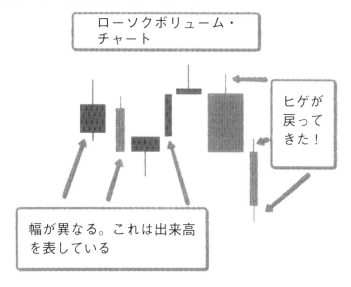

リュームの最大の欠点である時間要素の欠如は解決されている。時間はVPAアプローチの基本だ。私は他人の意見は大いに歓迎する。読者のなかでローソクボリュームを使ってみて、役に立ったと思った人は、ぜひあなたの考えやコメントを送ってもらいたい。トレードの学習に終わりはないのだ。

デルタボリューム

　VPAの「未来」を語る本章を締めくくるにあたって、最近注目を集めている出来高分析のアプローチをもう2つ紹介したいと思う。デルタボリュームと累積デルタボリュームだ。
　デルタボリュームとは「売り気配」で売買される量と「買い気配」で売買される量の出来高の差のことである。つまり、売り注文と買い注文との出来高の差が「デルタ」である。例えば、ある足で買い気配

図12.3　デルタボリューム

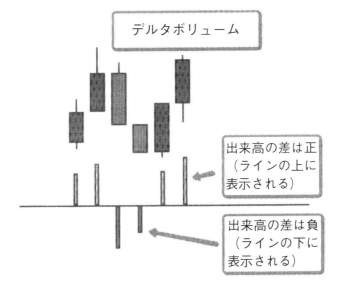

では500枚売られたが、売り気配では200枚しか買われなかったとすると、300枚の売りが差になり、デルタボリュームとしては-300という負の出来高が表示される。これを示したものが**図12.3**である。

つまり、デルタボリュームとは市場が上昇したり下落したりしているときの買いと売りの差を示しているわけである。これは出来高と価格の関係を解釈するまた別の方法と言えよう。このアプローチは、先物や株式のようにオープンな取引市場のある市場に適している。

累積デルタボリューム

累積デルタボリュームとは、すべてのデルタデータを各足に累積し、一連の足を示すことで1日のあるいは日中の値動きの全体像をつかもうというものである。つまり、値動きに伴う買いや売りの強さを示すものと言ってもよいだろう。

デルタボリュームや累積デルタボリュームはVPAの世界では比較的新しい概念で、一般に標準的なインディケーターとして無料では提供されていないが、これは将来的に変わる可能性もある。これから数年後には、デルタボリュームやその派生アプローチを採用する市場は増えてくるかもしれない。特に指数のEミニトレーダーなんかはこれを使う可能性が高い。

　本書もいよいよ終わりに近づいた。こういった本を書くことは私の長年の夢であり、ここについに実現した。概念は分かりやすい例を使ってできるだけ丁寧に説明するように心掛ける。本書を読んで、チャートリーディングを実践し、これらのテクニックを使ってもらえたら光栄だ。

　出来高と価格の威力は分かってもらえただろうか。このテクニックを使えば、成功があなたを待っているのだ。もちろん、このテクニックを習得するには時間はかかるが、努力するだけの価値はあると思っている。あなたに代わってVPAをやってくれるというソフトウエアに莫大なお金を払うことなどない。VPAを自動的にやってくれるソフトウエアなど存在しないのだから。VPAは時間と努力と忍耐を要するテクニックだ。しかし、基本的な概念を理解すれば、結果はおのずと付いてくる。

　市場センチメントとインサイダーの動きを包み隠さず示してくれるものは出来高と価格だけである。このインディケーターがなければ、盲目的にトレードしているも同然だ。しかし、このインディケーターがあればすべては白日のもとにさらされる。VPAを使えば、隠れ場所はないのである。

　最後に、本書を買ってくれたことを本当に感謝する。コメント、質問、提案があればいつでもeメールで知らせてほしい。私のeメールアドレスは、「anna@annacoulling.com」だ。必ず返信する。本書は私のトレードの経験と、長年にわたって私が機能すると思ったものに

ついて書いたものだ。

　本書のことが気に入ったら、市場の振る舞いを理解できなくて四苦八苦しているほかのトレーダーにもぜひ本書を勧めてほしい。アマゾンのレビューを書いてもらってもよい。そうすればほかの人が本書を知るきっかけになるはずだ。前もってお礼を述べておく。

　本書はシリーズで出版するつもりだ。したがって、本書はシリーズの第1号となる。私は最近『スリー・ディメンショナル・アプローチ・トゥー・フォレックス・トレーディング（A Three Dimensional Approach To Forex Trading）』という本を出版したので、本書は私にとっては2冊目になる。『スリー・ディメンショナル・アプローチ』は、関係分析、テクニカル分析、ファンダメンタル分析を組み合わせてFX市場の振る舞いを予想する方法を述べたものだ。このあと、『フォレックス・フォー・ビギナーズ（Forex For Beginners）』という本を出版するつもりだ。夫のデビッドとの共著である『コンプリート・ガイド・トゥー・バイナリー・オプションズ（A Complete Guide to Binary Options）』という本も進行中だ。これらの本については、私のサイト http://www.annacoulling.com を参照してもらいたい。

　トレードや投資には私がまだカバーしていないいろいろな側面があるので、これからもいろいろな本を書いていくつもりだ。

　最後に、本書を買ってくれたことをもう一度感謝する。あなたのトレードの旅が成功することを、そしてVPAトレードの達人になることを心より祈っている。

　本書にお付き合いいただき、本当にありがとう。

アナ

　追伸──私のサイトでは私の市場分析を提供している。ぜひとも

見てもらいたい。最新の本のチェックもお忘れなく。ツイッターやフェイスブックにも意見を寄せてもらいたい。また、私はセミナー、オンラインセミナー、トレードルームを定期的に開いている。概念や手法をもっと詳しく知りたい人は、ぜひ参加してほしい。そこで会えることを楽しみにしている。

http://www.annacoulling.com
http://www.twitter.com/annacoull
http://facebook.com/learnforextrading

謝辞と無料情報サイト

「感謝は素敵な行為だ。他人の素晴らしい点を自分のなかに取り入れることができるのだから」── ボルテール（1694年～1778年）

謝辞と無料情報サイト

変わり者と言われるかもしれないが、私は過去の偉大なトレーダーの全員に感謝したい。そして、あなたにも彼らからもっと多くのことを学んでもらいたい。リチャード・ネイは私の大好きなトレーダーの１人だ。彼の本はもう絶版になっているが、アマゾンで中古本を探してみよう。

リチャード・ワイコフも好きなトレーダーの１人だ。彼の本や論文はオリジナル、あるいはコレクションとして再版されたものをアマゾンから入手することができる。

最後に、テープリーディングをする人にとっての必読書と言えば、エドウィン・ルフェーブルの『欲望と幻想の市場──伝説の投機王リバモア』だ。これはジェシー・リバモアの生涯と彼の生きた時代を描いたものだ。ぜひ一読をお勧めする。

http://www.annacoulling.com

これはコモディティーや株式を含むすべての市場の市場分析を定期的に提供している私のサイトだ。私へのアクセスは、サイトから、もしくはeメール（anna@annacoulling.com）でも可能だ（コメントは投稿してもらえるとありがたい）。

http://www.ninjatrader.com/

　本書で提示したチャートの多くはニンジャトレーダーからのものだ。ニンジャトレーダー・プラットフォームと動的データフィードは市場での最もパワフルな組み合わせの1つで、データは終値ベースで無料で入手可能だ。

■著者紹介
アナ・クーリング(Anna Coulling)
フルタイムのFXトレーダー、商品先物トレーダー、株式トレーダー、マーケットアナリスト兼作家。約20年前からトレードを始め、あらゆるマーケットで取引をして現在は上の3分野に集中している。また、若い世代のトレーダーの育成にも力を入れており、セミナーやオンラインセミナーなども開催している。VPA(出来高・価格分析)を用いて、メディアでの発言も多い。英ロンドン近郊のチグウェル在住。ウェブサイト(http://www.annacoulling.com/)、ツイッター(https://twitter.com/annacoull)、フェイスブック(https://www.facebook.com/learnforextrading)。

■監修者紹介
長尾慎太郎(ながお・しんたろう)
東京大学工学部原子力工学科卒。北陸先端科学技術大学院大学・修士(知識科学)。日米の銀行、投資顧問会社、ヘッジファンドなどを経て、現在は大手運用会社勤務。訳書に『魔術師リンダ・ラリーの短期売買入門』『新マーケットの魔術師』『マーケットの魔術師【株式編】』(いずれもパンローリング、共訳)、監修に『高勝率トレード学のススメ』『フルタイムトレーダー完全マニュアル』『システムトレード 基本と原則』『ラリー・ウィリアムズの短期売買法【第2版】』『コナーズの短期売買戦略』『続マーケットの魔術師』『続高勝率トレード学のススメ』『グレアムからの手紙』『シュワッガーのマーケット教室』『トレーダーのメンタルエッジ』『プライスアクションとローソク足の法則』『ミネルヴィニの成長株投資法』『破天荒な経営者たち』『トレードコーチとメンタルクリニック』『高勝率システムの考え方と作り方と検証』『トレードシステムの法則』『トレンドフォロー白書』『バフェットからの手紙【第3版】』『バリュー投資アイデアマニュアル』『コナーズRSI入門』『スーパーストック発掘法』など、多数。

■訳者紹介
山下恵美子(やました・えみこ)
電気通信大学・電子工学科卒。エレクトロニクス専門商社で社内翻訳スタッフとして勤務したあと、現在はフリーランスで特許翻訳、ノンフィクションを中心に翻訳活動を展開中。主な訳書に『EXCELとVBAで学ぶ先端ファイナンスの世界』『リスクバジェッティングのためのVaR』『ロケット工学投資法』『投資家のためのマネーマネジメント』『高勝率トレード学のススメ』『勝利の売買システム』『フルタイムトレーダー完全マニュアル』『新版 魔術師たちの心理学』『資産価値測定総論1、2、3』『テイラーの場帳トレーダー入門』『ラルフ・ビンスの資金管理大全』『テクニカル分析の迷信』『タープ博士のトレード学校 ポジションサイジング入門』『アルゴリズムトレーディング入門』『クオンツトレーディング入門』『スイングトレード大学』『コナーズの短期売買実践』『ワン・グッド・トレード』『FXメタトレーダー4 MQLプログラミング』『ラリー・ウィリアムズの短期売買法【第2版】』『損切りか保有かを決める最大逆行幅入門』『株式超短期売買法』『プライスアクションとローソク足の法則』『トレードシステムはどう作ればよいのか 1、2』『トレードコーチとメンタルクリニック』『トレードシステムの法則』『トレンドフォロー白書』『スーパーストック発掘法』(以上、パンローリング)、『FORBEGINNERSシリーズ90 数学』(現代書館)、『ゲーム開発のための数学・物理学入門』(ソフトバンク・パブリッシング)がある。

本書の感想をお寄せください。

お読みになった感想を下記サイトまでお送りください。
書評として採用させていただいた方には、
弊社通販サイトで使えるポイントを進呈いたします。

https://www.tradersshop.com/bin/apply?pr=3179

```
2015年 1月 2日    初版第 1 刷発行
2016年11月 1日    第 2 刷発行
2017年11月 1日    第 3 刷発行
2018年 6月 2日    第 4 刷発行
2019年 3月 2日    第 5 刷発行
2020年 3月 2日    第 6 刷発行
2020年12月 2日    第 7 刷発行
2021年 6月 4日    第 8 刷発行
2023年11月 2日    第 9 刷発行
2024年10月 2日    第10 刷発行
```

ウィザードブックシリーズ㉒㉓

出来高・価格分析の完全ガイド
──100年以上不変の「市場の内側」をトレードに生かす

著　者	アナ・クーリング
監修者	長尾慎太郎
訳　者	山下恵美子
発行者	後藤康徳
発行所	パンローリング株式会社
	〒160-0023　東京都新宿区西新宿 7-9-18-6F
	TEL 03-5386-7391　FAX 03-5386-7393
	http://www.panrolling.com/
	E-mail　info@panrolling.com
編　集	エフ・ジー・アイ（Factory of Gnomic Three Monkeys Investment）合資会社
装　丁	パンローリング装丁室
組　版	パンローリング制作室
印刷・製本	株式会社シナノ

ISBN978-4-7759-7191-8

落丁・乱丁本はお取り替えします。
また、本書の全部、または一部を複写・複製・転訳載、および磁気・光記録媒体に
入力することなどは、著作権法上の例外を除き禁じられています。

本文　©Emiko Yamashita／図表　©Pan Rolling　2015 Printed in Japan